Grundschule

Eckhard Berger

Suchbilder & Co.

... durch die coole Kunstbrille

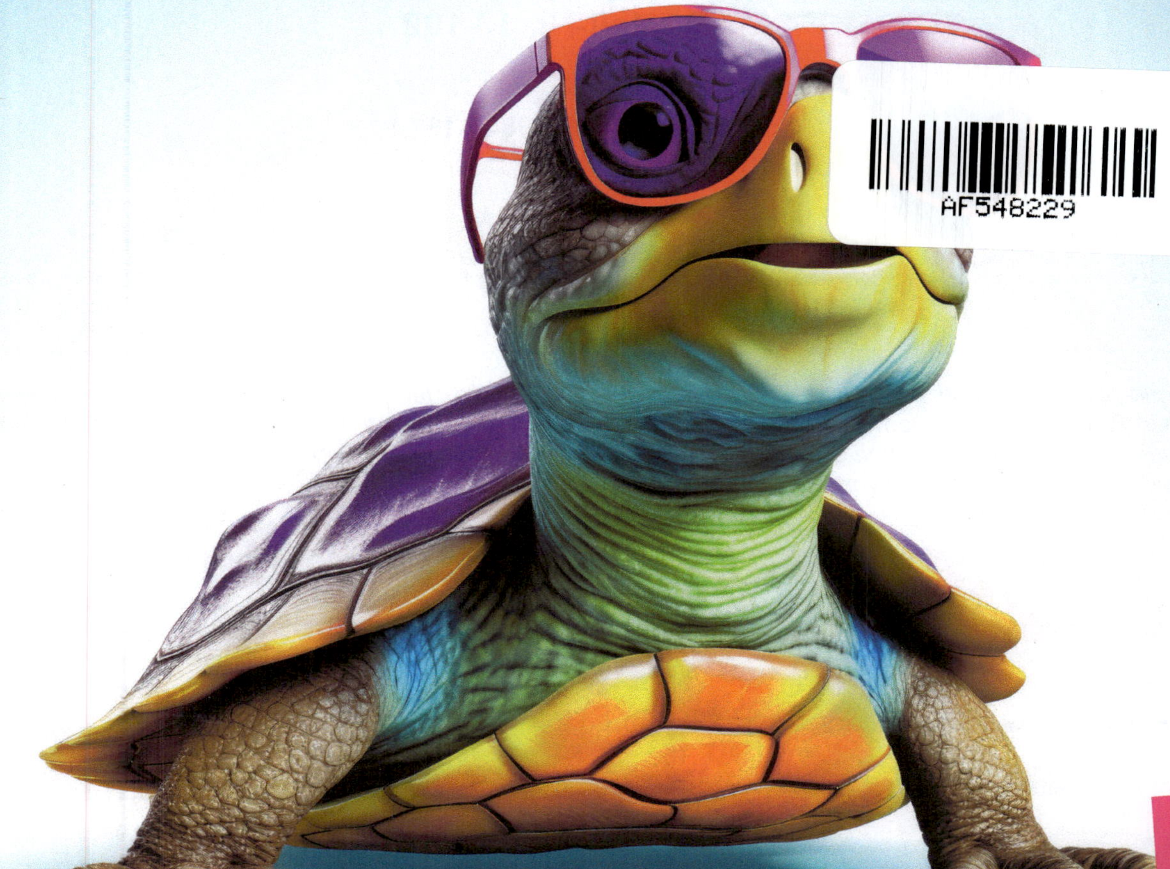

1 2 3

- Grund- & Erweiterungskompetenzen
- Wahrnehmung, Gestaltung, Kreativität
- *Niveau-Navigator*

www.kohlverlag.de

Suchbilder & Co.
... durch die coole Kunstbrille

1. Auflage 2024

Idee und Text: Eckhard Berger
Umschlagbild: Login & 2rogan - AdobeStock.com
Fotos: Archiv teamberger und Barbara Berger
Redaktion: Kohl-Verlag
Grafik & Satz: Eckhard Berger und Kohl-Verlag
Druck: Elanders Druck, Waiblingen

Bestell-Nr. 13 102

ISBN: 978-3-98841-167-9

Bildquellen © adobestock.com

S. 2: © Africa Studio; S. 6-9: © Vector Tradition; S. 6- 62: © Login; S. 12: © Bernd Schmidt; S. 15: © Vector Tradition; S. 19: © Artur; S. 20: © Zarya Maxim; S. 21: © Macrovector; S. 23: © Cmon; S. 24+25: © yusufdemirci; S. 29: © ONYXprj; S. 32: © Bulgakova Kristina; S. 37: © Галина Бойко; S. 39: © Cmon; S. 40: © pingebat; S. 45+46: © Vladimir Ya; S. 48: © kadiracar; S. 50: © EwaStudio; S. 52: © Veniamin Kraskov

Inhalt

Inhalt

Vorwort

Suchbilder & Co. gehört zu der neuartigen lehr- und lernstarken Reihe für den modernen Kunstunterricht, den fächerübergreifenden Unterricht, die Arbeitsgemeinschaften und Projekte der Grundschule und der außerschulischen Förderung. Sie umfasst folgende Bände:

Kunsträtsel & Co. - ... durch die coole Kunstbrille

Kunstspiele & Co. - ... durch die coole Kunstbrille

Suchbilder & Co. - ... durch die coole Kunstbrille

Gemäß der verpflichtenden Vorgaben für den Kunstunterricht werden im Kontext zu den Grund- und Erweiterungskompetenzen besonders die Wahrnehmungs-, Gestaltungs- und Kreativitätskompetenzen optimal, umfassend und nachhaltig gefördert. Zusätzlich werden die Aufmerksamkeits- und Konzentrationsfähigkeit geschärft.

Suchbilder & Co. richtet den Blick auf abwechslungsreiche und motivierende Suchbilder und Aufgaben aus der Erfahrungs- und Erlebniswelt der Schüler und Schülerinnen unter Berücksichtigung ihres Entwicklungsstandes - kurzum durch die coole Kunstbrille. Die beliebten Geschichten der Autorin Barbara Berger tragen dazu ebenfalls bei.

In ***Suchbilder & Co.*** erleben die Schüler und Schülerinnen alle Arten der direkten und indirekten Suchbilder. Neben dem Suchen eines oder mehrerer Details oder Komplexe wird gelernt, entdeckt, verglichen, gerätselt, bezogen, überlegt, beurteilt, gelöst und letztendlich gezeichnet und gemalt und mehr. Der Erfolg ist garantiert!

Alle Aufgaben können als Haupt-, Neben- oder Ergänzungsthema einzeln oder als Reihen in allen Sozialformen eingesetzt werden.
Mit verschiedenen Mitteln wird gearbeitet. Hauptarbeitsmittel sind Farbstifte (Bunt-, Filz- und Faserstifte) und Pinsel und Tuschfarben.
Die Bearbeitung kann (fast) ohne Vorbereitungsaufwand erfolgen.
Der nützliche Niveau-Navigator definiert den Schwierigkeitsgrad:

◉ ***Grundniveau***   **!** ***Mittleres Niveau***   ★ *Erweitertes Niveau*

Viel Erfolg und Spaß mit ***Suchbilder & Co.*** wünschen der **Kohl-Verlag** und

Eckhard Berger

Tipp:
Das große Suchbuch (Kohl-Verlag)
Wahrnehmen, sich konzentrieren, zeichnen und malen *(Kohl-Verlag)*
Mehr Informationen: www.kohlverlag.de und www.teamberger.de

Das lustige Obst

!

Aufgabe 1: Klebe die Hälften der Obststücke auf eine feste Unterlage, Pappe oder Karton, und schneide sie aus.

Aufgabe 2: Male in gleicher Größe weitere Obststücke als obere und untere Hälften und verfahre wie in der ersten Aufgabe.

Aufgabe 3: Lege die Karten passend zusammen. Du kannst sie auch für ein kleines cooles Legespiel mit deinen Mitschülern nutzen.

KOHL VERLAG Suchbilder und Co. ... durch die coole Kunstbrille – Bestell-Nr. 13 102

Eistapete

Aufgabe 1: *Umkreise gleiche Eissorten mit gleichen Farben.*

Aufgabe 2: *Schreibe die Eisanzahl einer Sorte auf.*

Aufgabe 3: *Klebe ein Blatt Papier an und zeichne dein Lieblingseis.*

Hier ankleben

KOHL VERLAG Suchbilder und Co. ... durch die coole Kunstbrille – Bestell-Nr. 13 102

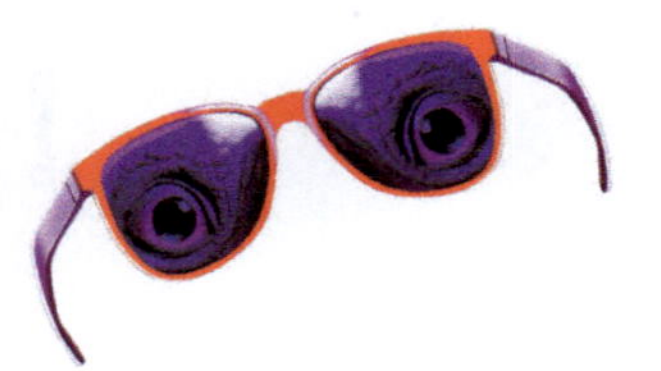

Lustige Frühstückshälften

Aufgabe 1: *Verbinde die Frühstückshälften, die zusammengehören, mit einer Pfeillinie.*

Aufgabe 2: *Zähle auf, was für dich zu einem leckeren Frühstück gehört.*

Aufgabe 3: *Male etwas davon hierhin.*

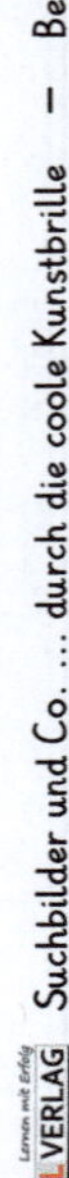

U-Boote auf der Suche

! ★

Aufgabe 1: Finde zu den Unterwasserbooten die passenden Umrisse. Schreibe die richtigen Zahlen in die Umrisse.

Aufgabe 2: Zeichne unten ein fantasievolles U-Boot und male es an.

Aufgabe 3: Kannst du dir vorstellen, was die U-Boote suchen?

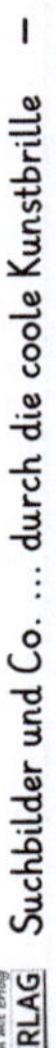

Sei ein Fotoentdecker 1

⊙!

Aufgabe 1: *Sei ein Entdecker. Schreibe die richtige Zahl zu den Fotos.*

1 Herz ohne Rahmen	2 Schnee
3 Blaue Vierecke	4 CD
5 Herbstfarben	6 Kommt Weihnachten
7 Schaumrasur	8 Fisch ohne Goldfarbe
9 Pfeil und Bogen	10 Rot und rund mit Stiel

KOHL VERLAG Suchbilder und Co. ... durch die coole Kunstbrille – Bestell-Nr. 13 102

Sei ein Fotoentdecker 2

Aufgabe 1: *Sei ein Entdecker. Schreibe die richtige Zahl zu den Fotos.*

1 Herzballon
2 Weiße Schleife
3 Regenbogen
4 Arabische Kleidung
5 Bringt mit vier Blättern Glück
6 Sehende Orange
7 Mit dem Pfeil treffen
8 Strand am Meer
9 Eine abgedruckte Hand
10 Zeigt die Zeit an

KOHL VERLAG Suchbilder und Co. ... durch die coole Kunstbrille – Bestell-Nr. 13 102

Gesucht wird ein Mann

!

Aufgabe 1: *Zeichne den gesuchten Mann mit folgenden Kennzeichen in den Rahmen:*

Grüner Hut	Gelbe gelockte Frisur
Lange Stirnfalte	Blaue Augen
Lange Nase	Fleck auf der Wange
Ein paar Bartstoppel	Gemusterter Schlips
Hellblaues Hemd	Dunkle Anzugsjacke

Aufgabe 2: *Überlege dir einen Grund, warum der Mann gesucht wird.*

Finde den richtigen Schlüssel

!

Aufgabe 1: *Schreibe die Nummern in den richtigen Schlüsselkopf.*

Aufgabe 2: *Male die Schlüssel und Schlösser an.*

1

2

3

4

5

Verwandte Gruselies

!

Aufgabe 1: Finde die Gruselies mit mindestens zwei gemeinsamen Merkmalen.

Aufgabe 2: Male sie mit gleichen Farben an, denn sie sind verwandt.

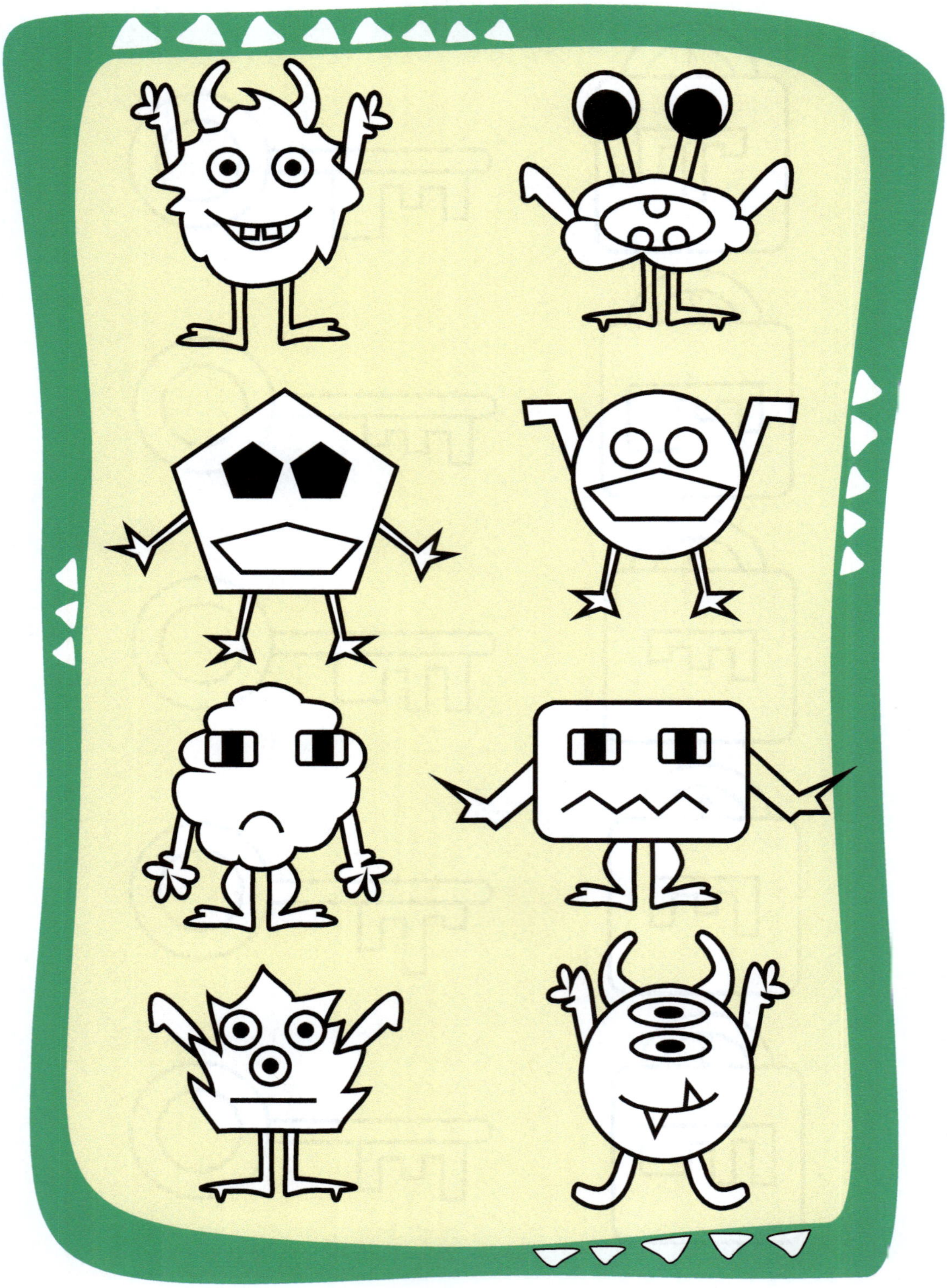

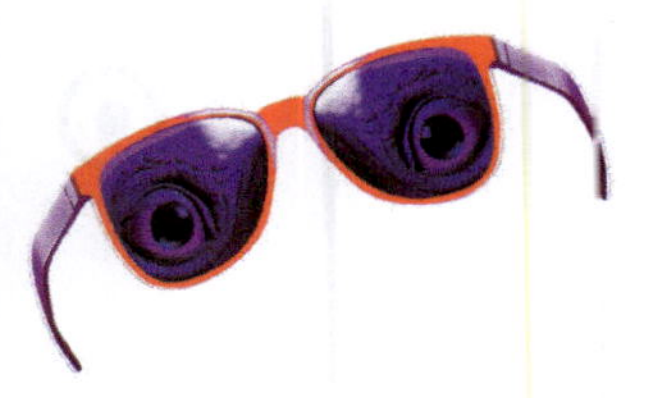

Pizza, Hamburger und mehr

Aufgabe 1: *Verbinde die passenden Teile mit einer Linie oder schneide sie aus und klebe sie auf einem Blatt Papier zusammen.*

Aufgabe 2: *Klebe ein Blatt Papier an.*

Aufgabe 3: *Zeichne dein Lieblingsessen und male es an.*

Hier ankleben

KOHL VERLAG Suchbilder und Co. ... durch die coole Kunstbrille – Bestell-Nr. 13 102

Hase im Ei

Aufgabe 1: *Zeichne die Bruchrandlinien nach, auf die Henrik zeigt.*

Aufgabe 2: *Verbinde die richtige Linie mit dem passenden Eierbruchrand mit einem Pfeil.*

Suchbilder und Co. ... durch die coole Kunstbrille – Bestell-Nr. 13 102

Herzenseier 1

Es ist ganz früh am Ostermorgen. Der Osterhase und seine Frau waren fleißig und haben viele Ostereier hübsch angemalt. Doch, als der Osterhase die Eier in seinen Korb legen will, fällt ihm etwas auf. „Oje, wir haben nicht alle Eier vollständig bemalt! Was sollen wir tun? Die Zeit drängt. Die Kinder warten bereits." Da hat seine Frau eine Idee.
„Gleich werden wir Hilfe bekommen", sagt sie und pfeift laut einen hellen Ton auf einem Grashalm.
Sofort kommen viele kleine Helfer aus dem Wald. Hase, Igel, Wiesel und Mäuschen schnappen sich einen Pinsel und Farbe. Und los geht es.
„Eigentlich hätten die Kinder doch selber malen können!", lacht der kleinste Hase Willi.
„Stimmt!", sagt der Osterhase, „so ist es viel schöner. Und nun kann bei den Menschenkindern die lustige Ostereiersuche beginnen.

Aufgabe 1: *Schneide die Herzen aus und lege oder klebe sie passend in die richtigen Eier.*

Aufgabe 2: *Puste Eier aus und bemale dein schönstes Herzensei mit bunten Mustern und Strukturen. Wähle dafür Farbstifte oder Pinsel und deckenden Farben.*

KOHL VERLAG Suchbilder und Co. ... durch die coole Kunstbrille – Bestell-Nr. 13 102

Herzenseier 2

!

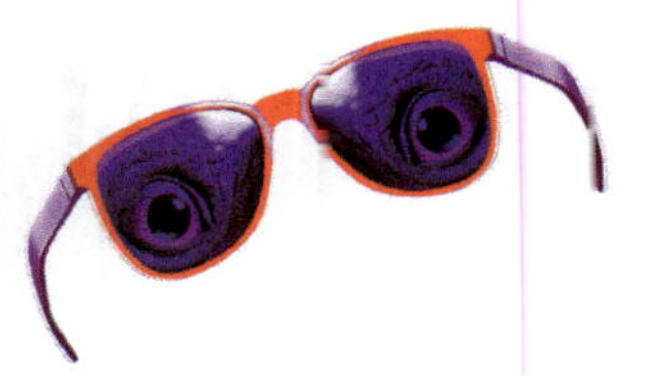

Kinder, Kinder

Aufgabe 1: *Schaue dir die Kinder genau an.*

Aufgabe 2: *Kreuze in der ersten Reihe Kinder an, die sich anfassen.*
Kreuze in der zweiten Reihe Mädchen mit langen Haaren an.
Kreuze in der dritten Reihe die vier größten Kinder an.
Kreuze in der vierten Reihe Mädchen an, die keine lange Hose tragen.
Kreuze in der fünften Reihe die zwei Kinder an, die in der Reihenmitte stehen.
Kreuze in der sechsten Reihe Kinder mit einer Kapuze an.

1

2

3

4

5

6

KOHL VERLAG Suchbilder und Co. ... durch die coole Kunstbrille – Bestell-Nr. 13 102

Suche beim Spielzeugberg

Aufgabe 1: *Suche und beschrifte das richtige Spielzeug.*

1 Verkehrsmittel zum Mond
2 Roboter mit runden Augen
3 Hat braune Flecken am Hals
4 Blaues Propellerflugzeug
5 Ringestapel mit roter Spitze
6 Stehender Dinosaurier
7 Schwein mit gestreiftem Shirt
8 Rotweißer Schuh
9 Einzelner blauer Baustein
10 Großer grüner Ball
11 Eisenbahn ohne Dampf
12 Teddybär links außen
13 Katze mit einer 3
14 Rennwagen
15 Tier auf Rollen
16 Gestreifte Handstöcke
17 Drei Kugeln
18 Großer Stern

KOHL VERLAG Suchbilder und Co. ... durch die coole Kunstbrille – Bestell-Nr. 13 102

Kinderspiele

⊙!

Aufgabe 1: *Schaue dir die Bilder mit den Kinderspielen genau an.*

Aufgabe 2: *Schreibe die passenden Nummern an die Spiele:*

1 Tauziehen	2 Im Kreis aufstellen
3 Verstecken spielen	4 Seilspringen
5 Abzählen	6 Frisbeescheibe werfen
7 Hüpfspiel	8 Ballspiel
9 Kriegen spielen	

Aufgabe 3: *Wähle davon Spiele aus und spiele sie.*

Aufgabe 4: *Nenne dein Lieblingsspiel und erkläre die Regeln. Male dazu mit Pinsel und Tuschfarben ein Bild auf dem Zeichenblock.*

KOHL VERLAG Suchbilder und Co. ... durch die coole Kunstbrille – Bestell-Nr. 13 102

Bunter Babybulle Bernd

⊙!

Der kleine Bulle Bernd steht mit seiner Mama und vielen anderen Kühen im Stall.
„Irgendwie sehen alle gleich aus", murmelt er leise. „Wäre es nicht cool, wenn wir alle bunte Flecken hätten?"
„Ja! Und dann gibt es bunte Milch", lacht die Mama zurück.
„Naja, träumen darf man das wohl."
Als Bernd schläft, träumt er tatsächlich, wie er mit bunten Flecken auf der grünen Weide steht. Wie schön!

Aufgabe 1: *Schneide dir die Flecken aus.*

Aufgabe 2: *Male sie in bunten Farben an und klebe sie auf die richtigen Stellen von Bernds Körper an. Male auch seinen Kopf und Schwanz an.*

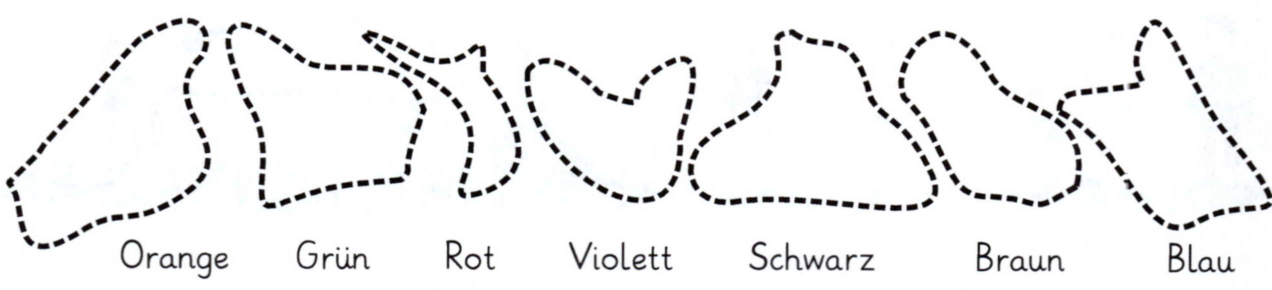

KOHL VERLAG Suchbilder und Co. ... durch die coole Kunstbrille – Bestell-Nr. 13 102

Welche Sterne fehlen?

⊙ !

Aufgabe: *Zeichne die fehlenden Sterne daneben.*

KOHL VERLAG Suchbilder und Co. ... durch die coole Kunstbrille – Bestell-Nr. 13 102

Unterschiede finden 1

!

Aufgabe 1: *Vergleiche beide Bilder genau.*

Aufgabe 2: *Erzähle, was du siehst.*

Aufgabe 3: *Das Bild oben ist das Original. In dem Bild unten fehlt etwas oder es ist etwas ergänzt. Finde in dem Bild die zehn Unterschiede und markiere sie so: X*

KOHL VERLAG Suchbilder und Co. ... durch die coole Kunstbrille – Bestell-Nr. 13 102

Unterschiede finden 2

!

Aufgabe 1: Vergleiche alle Bilder genau.

Aufgabe 2: Erzähle, was du siehst.

Aufgabe 3: Das Bild oben ist das Original. In dem Bild in der Mitte und unten fehlt etwas oder es ist etwas ergänzt. Finde in den Bildern je fünf Unterschiede und markiere sie so: X

Suchbilder und Co. ... durch die coole Kunstbrille – Bestell-Nr. 13 102

KOHL VERLAG

Stapelscheiben 1

!

Aufgabe 1: *Verbinde die Seitenansicht der Stapelscheiben mit der passenden Draufsicht.*

Aufgabe 2: *Male die Seitenansicht der großen Stapelscheiben unten mit verschiedenen Farben an.*

Aufgabe 3: *Male dazu die Draufsicht passend an.*

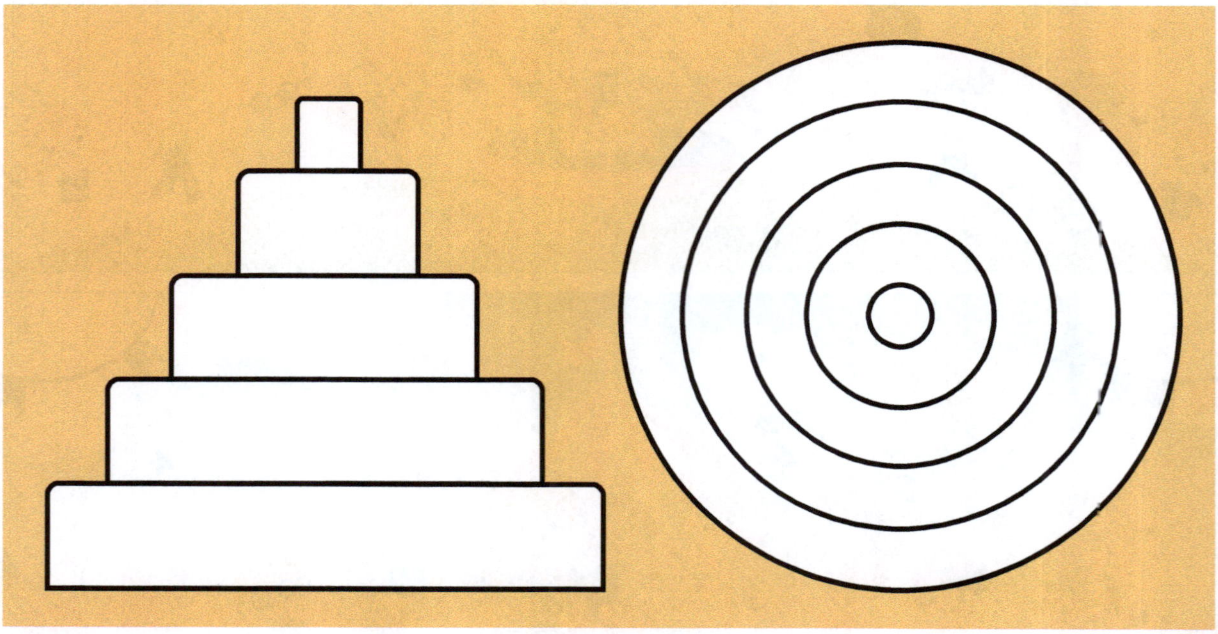

KOHL VERLAG Suchbilder und Co. ... durch die coole Kunstbrille – Bestell-Nr. 13 102

Stapelscheiben 2

!

Aufgabe 1: *Verbinde die Seitenansicht der Stapelscheiben mit der passenden Draufsicht.*

Aufgabe 2: *Male die Seitenansicht der großen Stapelscheiben unten mit verschiedenen Farben an.*

Aufgabe 3: *Male dazu die Draufsicht passend an.*

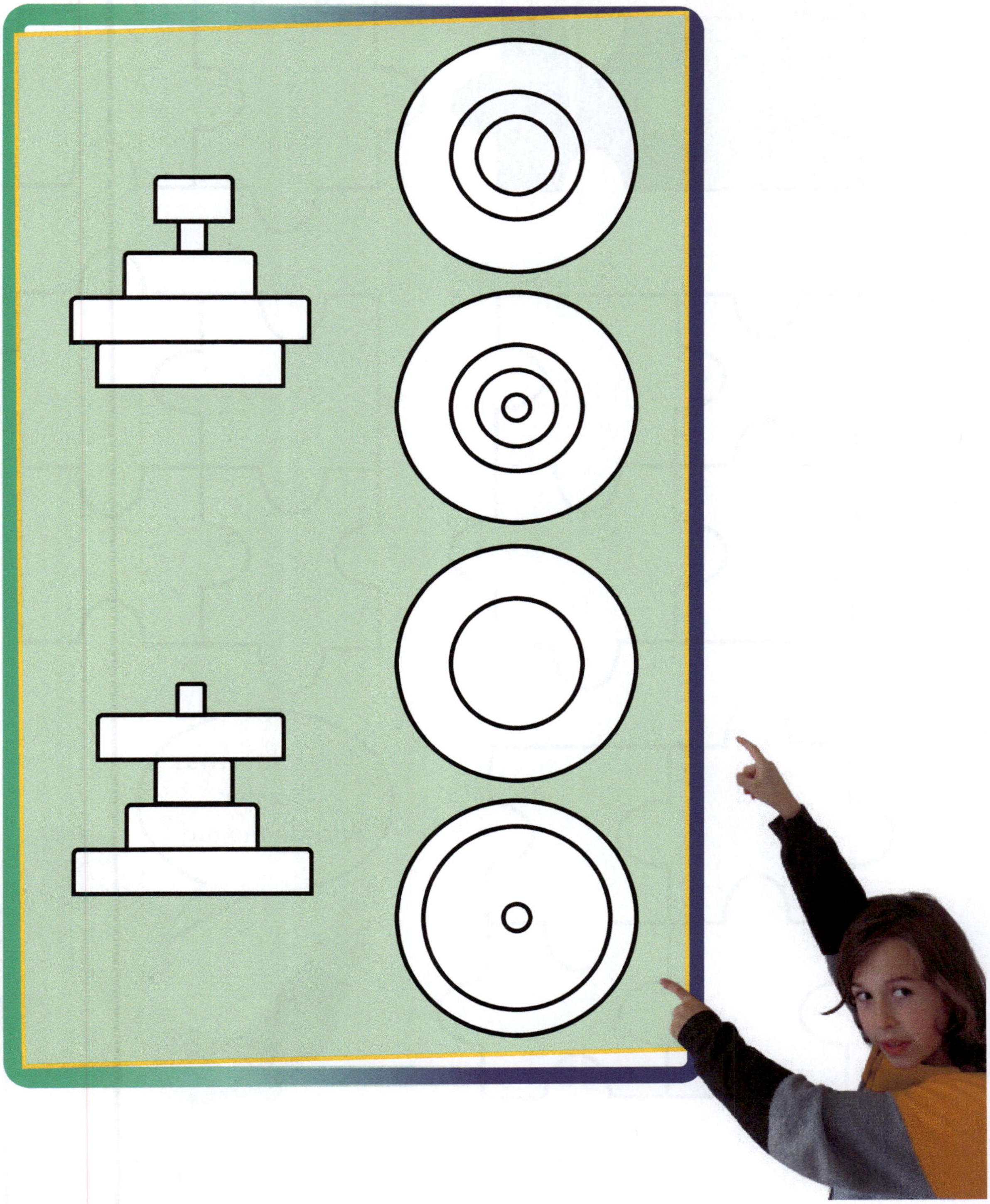

KOHL VERLAG Suchbilder und Co. ... durch die coole Kunstbrille – Bestell-Nr. 13 102

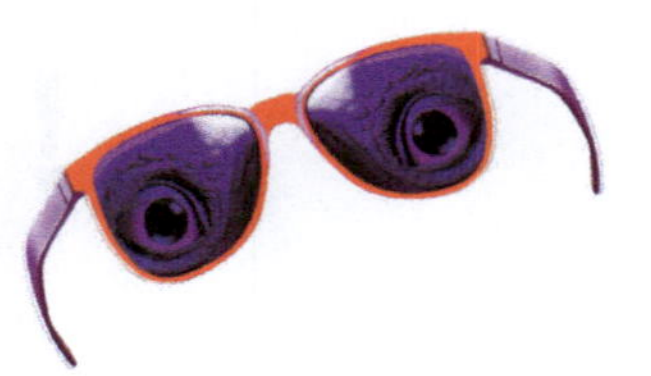

Prima Puzzle 1

!

Aufgabe: *Male Henriks Puzzleteile mit den richtigen Farben an.*

Fällt dir etwas bei der Anordnung auf?

KOHL VERLAG Suchbilder und Co. ... durch die coole Kunstbrille – Bestell-Nr. 13 102

Prima Puzzle 2

!

Aufgabe: *Ordne die Puzzleteile zu, indem du die richtige Nummer aufschreibst.*

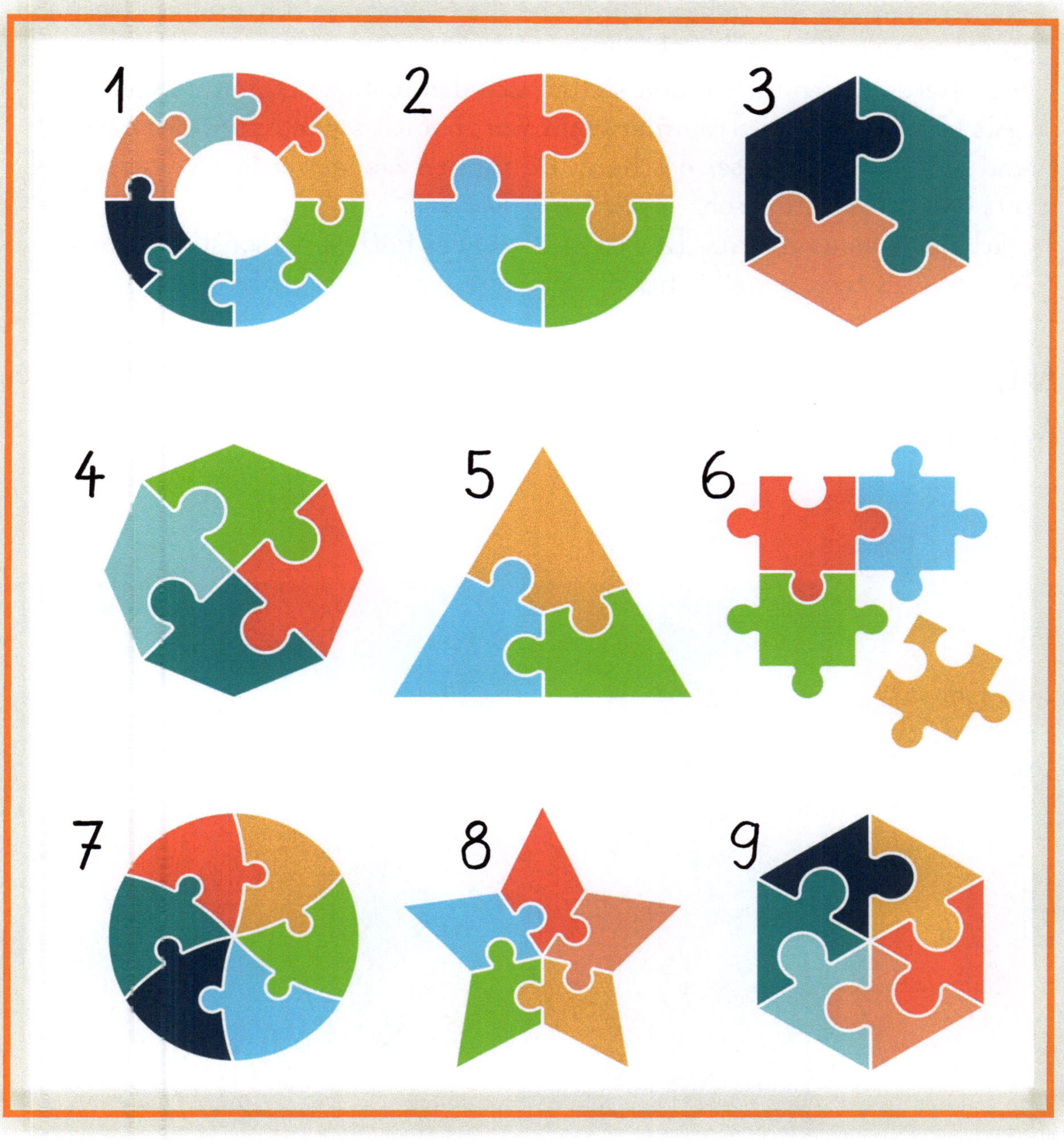

1 2 3

4 5 6

7 8 9

Suchbilder und Co. ... durch die coole Kunstbrille – Bestell-Nr. 13 102
KOHL VERLAG

Tiere in Afrika

Ein Elefant, ein Nashorn, ein Löwe und ein Zebra treffen sich. Da erzählt der Elefant von seinem Traum in der letzten Nacht: „Ich träumte, ich hätte die Streifen von dir, liebes Zebra, und die Mähne von dir, großer Löwe, und das Horn von dir, starkes Nashorn."
Alle Tiere müssen lachen und stellen sich den lustigen Elefanten vor.
„Als ich aus meinem Traum erwacht war, bin ich schnell zum See gerannt und hab auf das Wasser geschaut. Da sah ich wie immer im Wasserspiegel aus und war richtig froh", erzählte er weiter.
„Ja!" lachte das Zebra. „Das ist gut so! Was hättest du sonst für einen Namen? Elezenalö vielleicht?

Aufgabe 1: *Zeichne das Puzzleteil in die richtige Leerstelle und male es an.*

Aufgabe 2: *Versuche einmal, ein lustiges* ***Elezenalö*** *zu zeichnen.*

KOHL VERLAG Suchbilder und Co. ... durch die coole Kunstbrille – Bestell-Nr. 13 102

Bunte Zahlenverstecke

Aufgabe 1: *Erkenne, was sich hinter den bunten Zahlen versteckt.*

Aufgabe 2: *Schreibe es darunter.*

Aufgabe 3: *Klebe ein Blatt Papier an.*

Aufgabe 4: *Male einen Gegenstand oder ein Tier in Grau mit dem 'Bleistift, schreibe bunte versetzte Zahlenreihen darüber und lasse den Gegenstand von deinen Mitschülern entdecken.*

Hier ankleben

KOHL VERLAG Suchbilder und Co. ... durch die coole Kunstbrille – Bestell-Nr. 13 102

Fehlerentdeckungen

Aufgabe: *Entdecke mit Henrik, was im Kreis unten fehlt. Umkreise es mit deinem Stift.*

Suchbilder und Co. ... durch die coole Kunstbrille – Bestell-Nr. 13 102
KOHL VERLAG

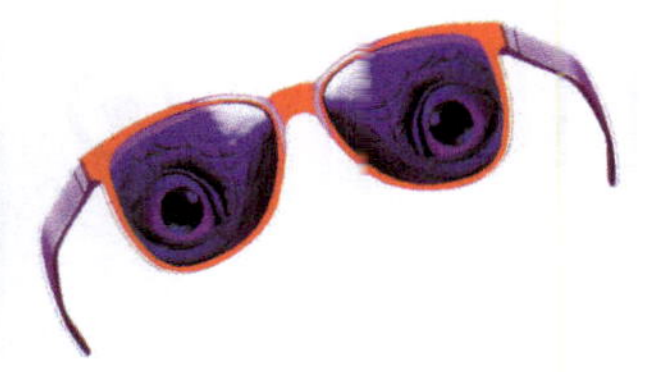

Gespenstertreffen

!

Heute ist richtig was los bei den Gespenstern. Sie feiern den Geburtstag der Gespensterzwillinge  . Alle wollen sich hübsch machen. Niemand will das weiße Zeug tragen. Dann singen sie zusammen ein Geburtstagslied: „Grusel, grusel, tralala! Die Zwillige werden 100 Jahr."
Das ist natürlich für Gespenster kein Alter. Wie alt werden eigentlich Gespenster? Wer weiß das schon?

Aufgabe 1: *Wieviele Gespenster treffen sich? Finde die Zwillinge.*

Aufgabe 2: *Male ein buntes Gespenst mit Pinseln und Tuschfarben auf ein Zeichenblockblatt.*

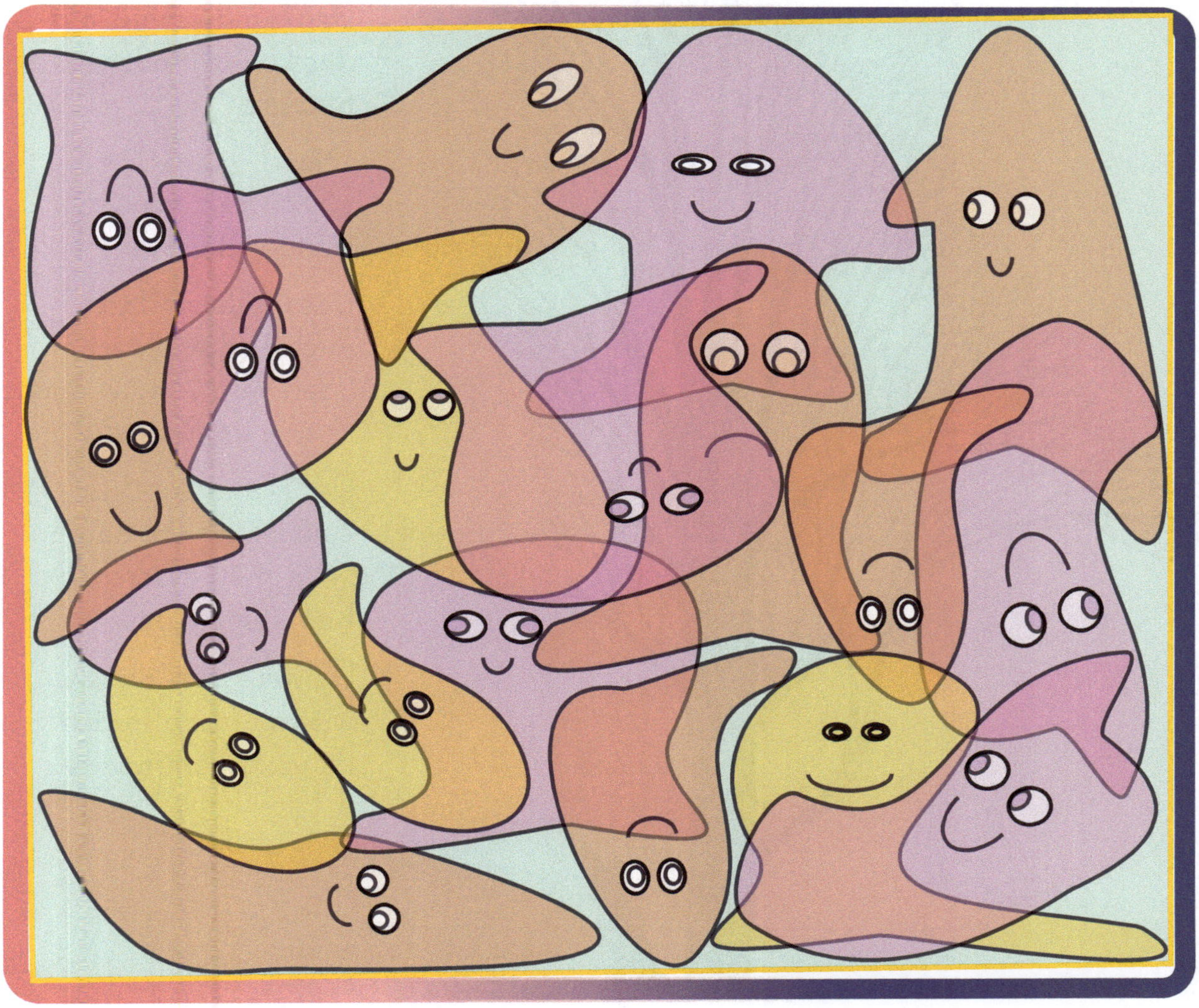

KOHL VERLAG Suchbilder und Co. ... durch die coole Kunstbrille – Bestell-Nr. 13 102

Der Hund im Baum

Aufgabe 1: Erkenne den Hund.

Aufgabe 2: Beschreibe ihn.

Aufgabe 3: Zeichne ihm die Zähne, das Ohr und das Auge und male ihn an.

„Hallo, Hund!", ruft ein kleines Mädchen und guckt nach oben in einen Baum. „Wie kommst du denn dahin? Bist du wie ein Vogel geflogen?"

Der Hund schaut auf das kleine Mädchen hinunter.

„Nein!", lacht er. „Seit wann können Hunde fliegen?"

Das Mädchen lacht auch und erwidert: „Seit wann sitzen denn Hunde im Baum?"

Der Hund zeigt auf eine Leiter am Baum. „Hat mein Herrchen hier stehen lassen."

Da weiß das Mädchen, wie der Hund in den Baum gekommen ist.

KOHL VERLAG Suchbilder und Co. ... durch die coole Kunstbrille – Bestell-Nr. 13 102

Zahlenkleckspaar

⊙ !

Aufgabe 1: *Suche passende Paare aus den Zahlen und Klecksen.*

Aufgabe 2: *Schreibe die richtige Zahl zum Klecks.*

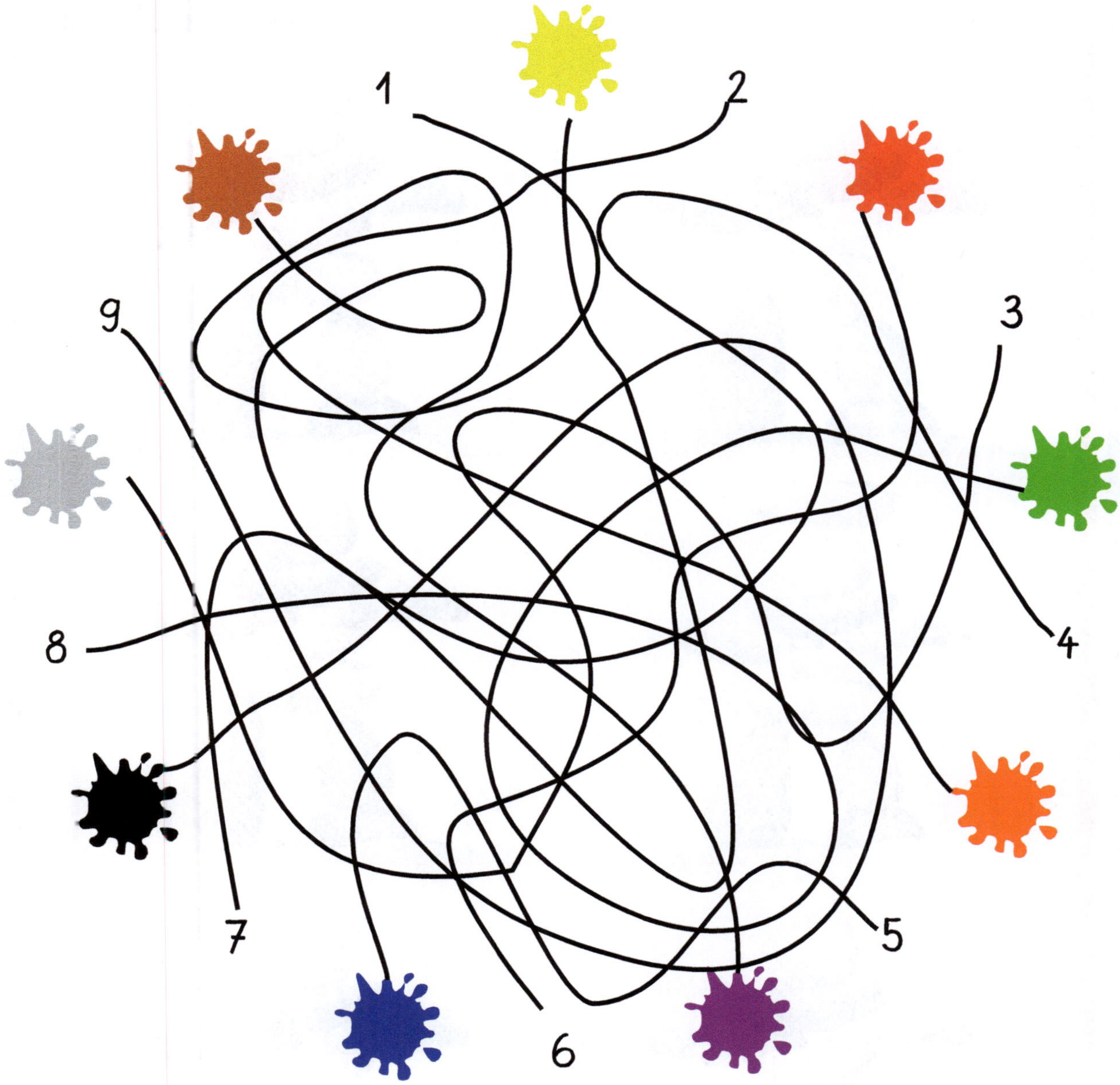

1 2 3 4 5 6 7 8 9

KOHL VERLAG Suchbilder und Co. ... durch die coole Kunstbrille – Bestell-Nr. 13 102

Finde die Steinzwillinge

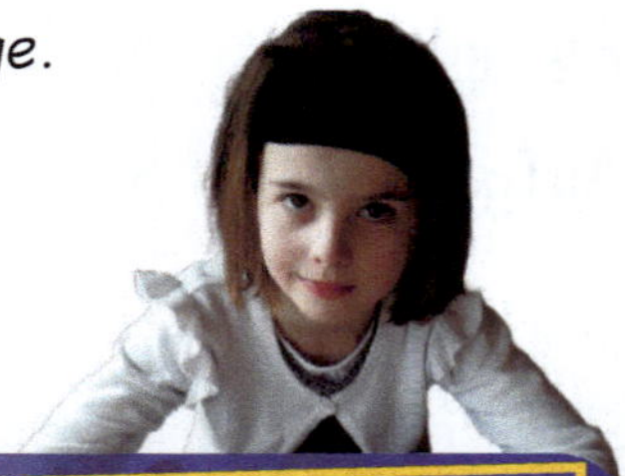

Aufgabe 1: *Vergleiche genau und finde die Steinzwillinge.*

Aufgabe 2: *Sammle gerundete Steine und gestalte mit Steinkleber verschiedene Steinfiguren.*

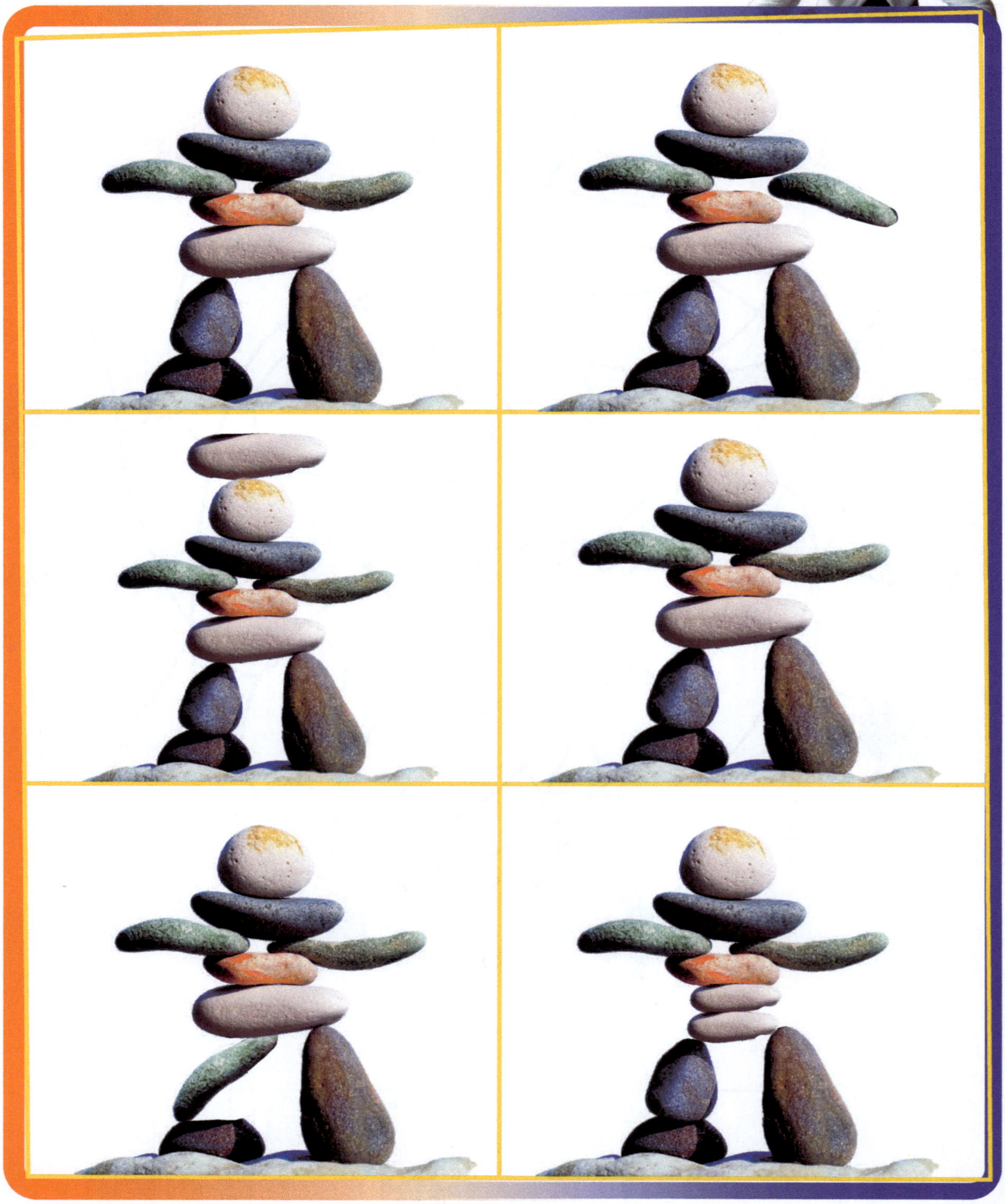

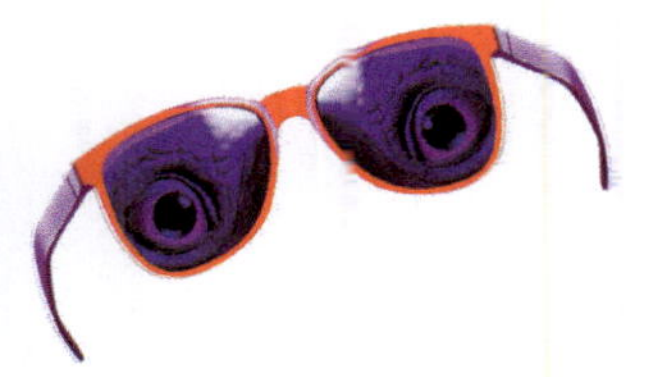

Bunte Eierei

Aufgabe 1: *Trage die Anzahl der jeweils gemusterten Eier ein.*

Aufgabe 2: *Puste mit deinen Mitschülern Eier aus. Gestaltet eine bunte Eierei, die ihr anschließend auf einer Ausstellung zeigt.*

KOHL VERLAG Suchbilder und Co. ... durch die coole Kunstbrille – Bestell-Nr. 13 102

Wie viele Bonbons im Glas?

!

Aufgabe: *Schreibe auf, wie viele Bonbons von jeder Sorte im Glas sind.*

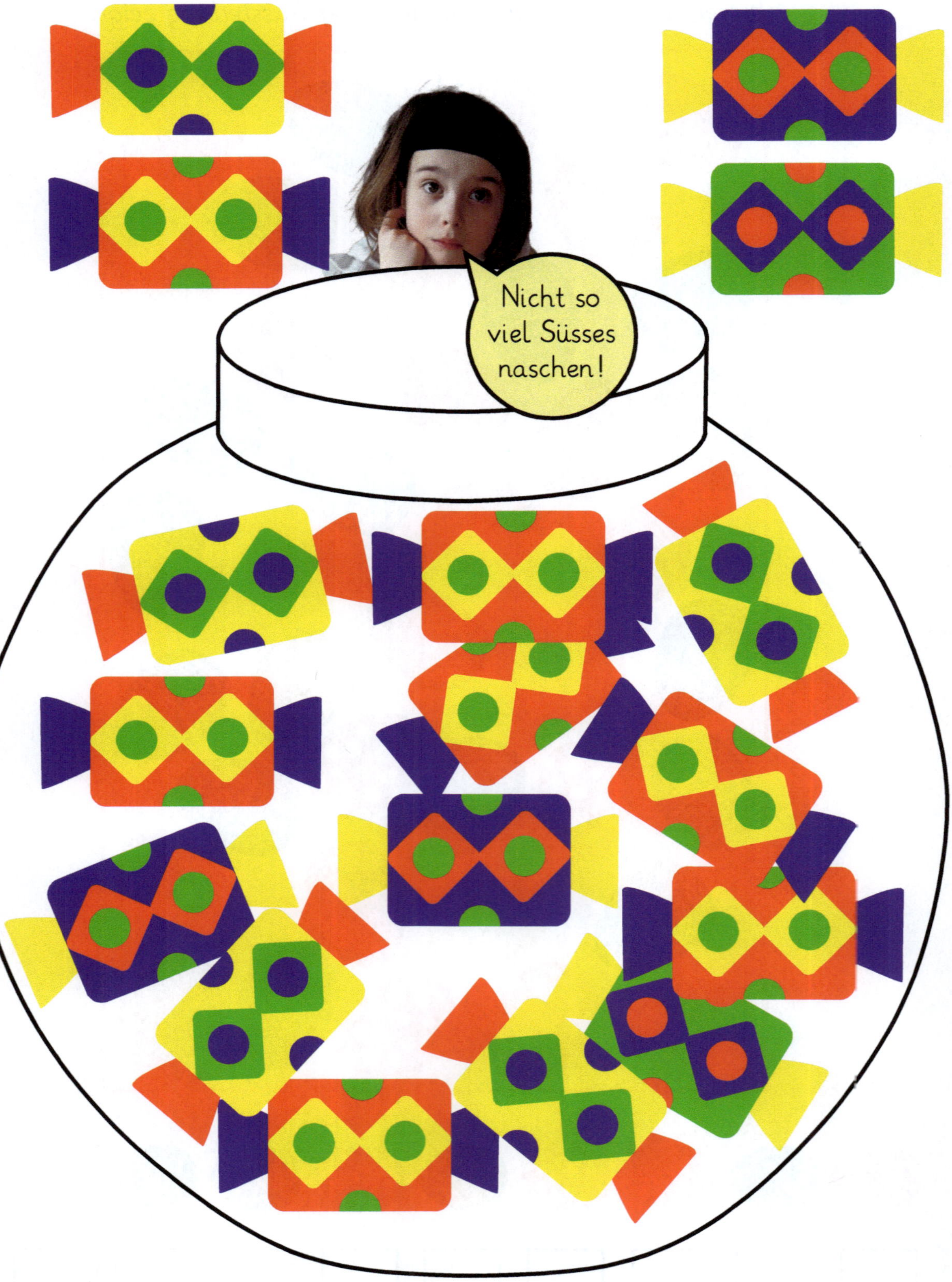

Nicht so viel Süsses naschen!

Starker Weltraumverkehr

!

Aufgabe 1: *Zähle die Weltraumfahrzeuge und trage sie ein.*

Aufgabe 2: *Male sie an.*

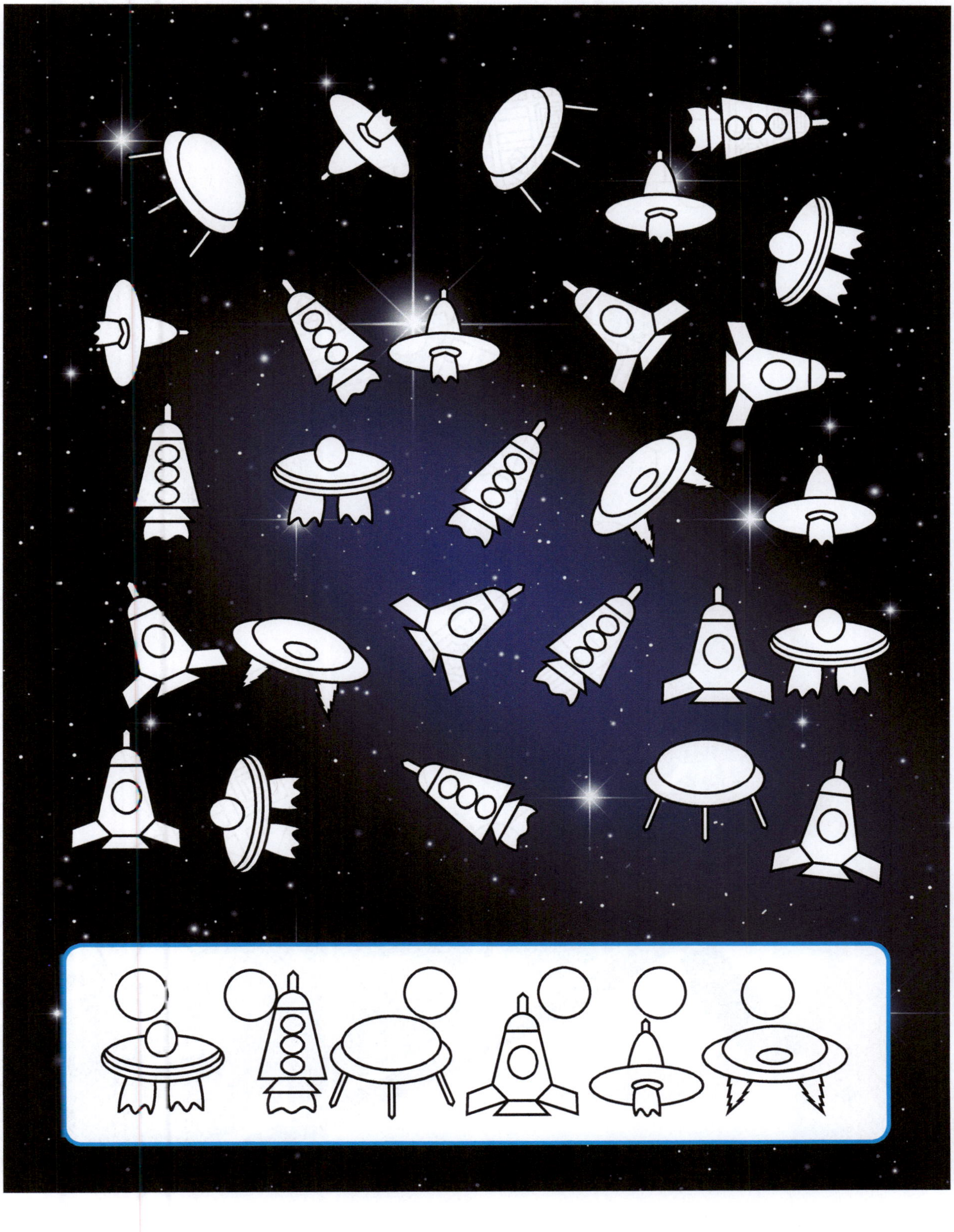

KOHL VERLAG Suchbilder und Co. ... durch die coole Kunstbrille – Bestell-Nr. 13 102

Kistenautos

!★

Aufgabe 1: *Finde die Autos mit neun gleichen Kisten. Du erkennst sie an ihrem Muster. Sie dürfen unterschiedlich geordnet sein.*

Aufgabe 2: *Male gleiche Kisten in gleicher Farbigkeit an.*

KOHL VERLAG Suchbilder und Co. ... durch die coole Kunstbrille – Bestell-Nr. 13 102

Sei ein Straßenbaumeister

★

Aufgabe 1: Klebe die Fläche mit den Straßenteilen auf einen festen Untergrund, zum Beispiel Karton oder Tonpapier.

Aufgabe 2: Schneide die einzelnen Teile mit der Schere aus.

Aufgabe 3: Lege möglichst viele Teile zu einem Straßennetz auf einem festen Untergrund zusammen. Bilde dann nacheinander unterschiedliche Netze.

Aufgabe 4: Lege kleine Autos und Gebäude dazu, die du zuvor gezeichnet, angemalt und ausgeschnitten hast.

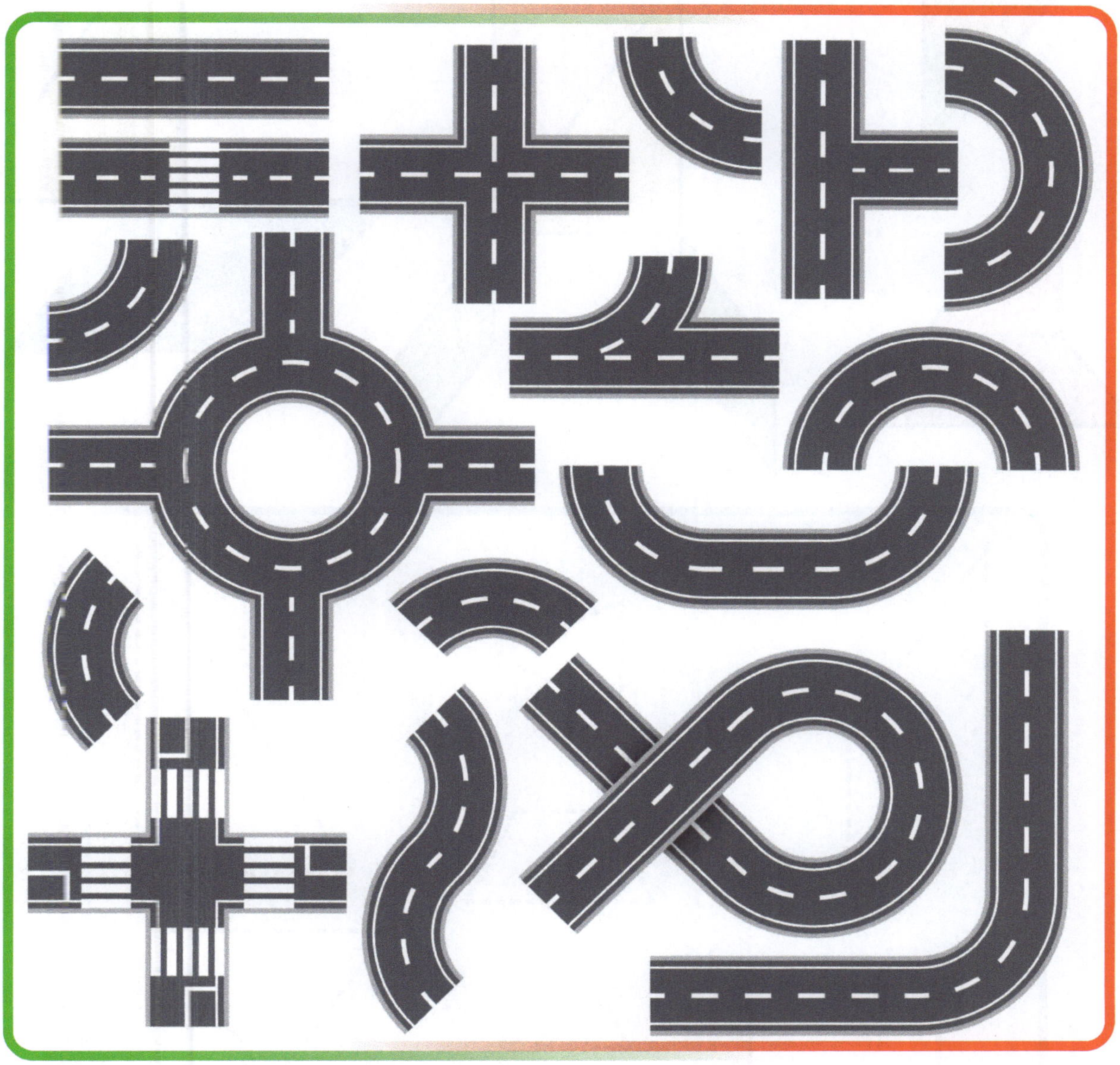

Baue weiter 1

Aufgabe 1: *Schneide die Teile unten mit der Schere aus.*

Aufgabe 2: *Baue die drei Gegenstände weiter, indem du die Teile an sie richtig legst oder anklebst. Male sie an und bezeichne die Gegenstände.*

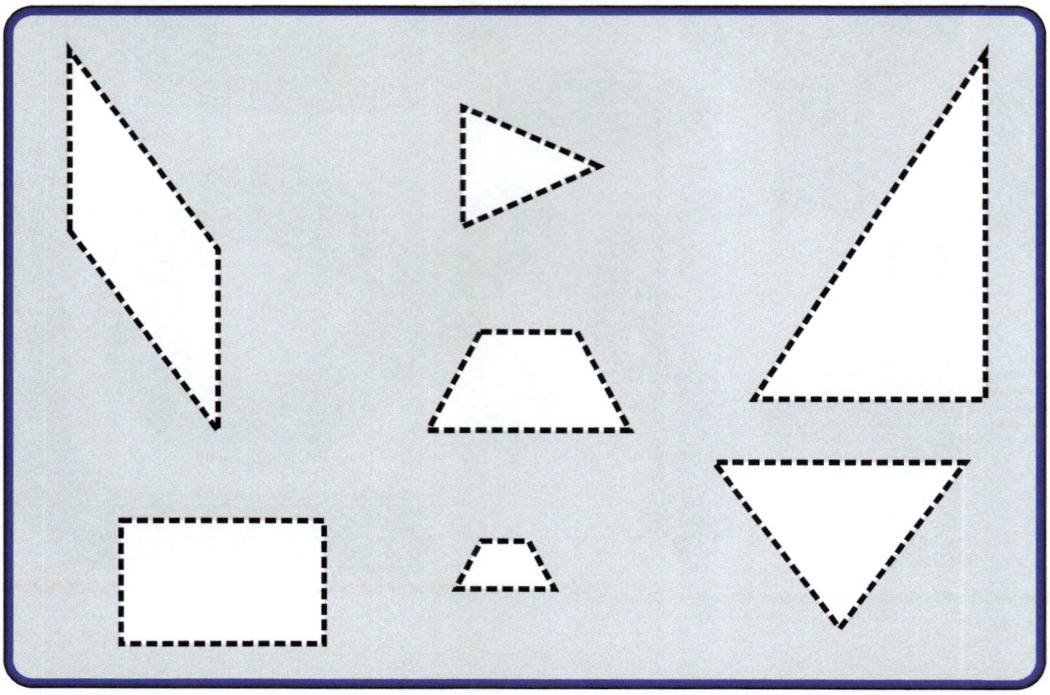

KOHL VERLAG Suchbilder und Co. ... durch die coole Kunstbrille – Bestell-Nr. 13 102

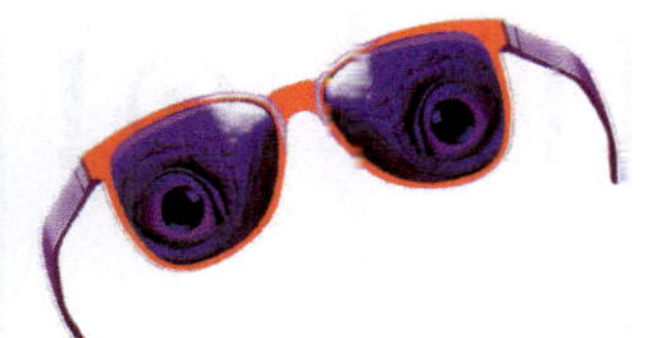

Baue weiter 2

!★

Aufgabe 1: *Male die Teile bunt an und schneide sie aus.*

Aufgabe 2: *Baue daraus das Haus in dem Umriss, indem du die Teile passend zueinander legst.*

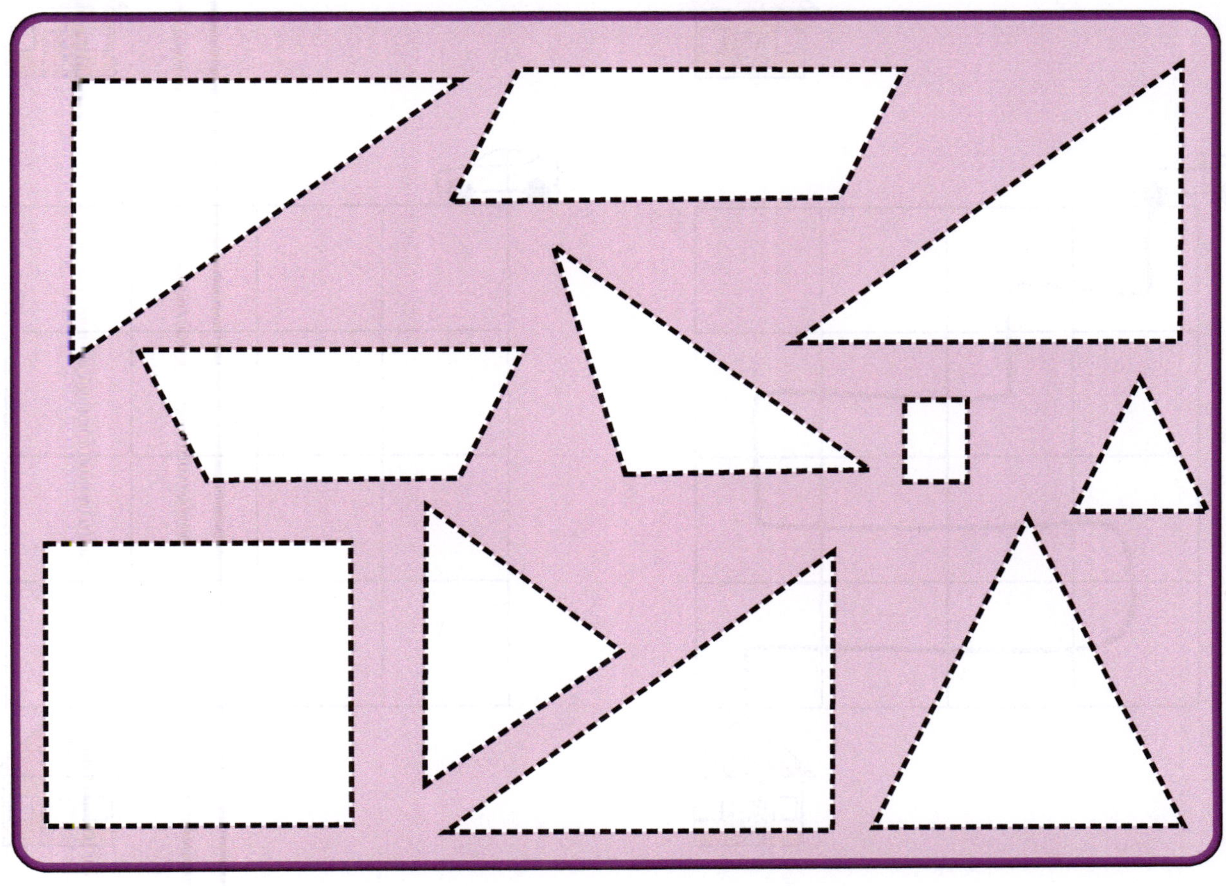

Autostraße

Aufgabe 1: *Siehe nur, der Fahrer nimmt verschiedene Straßen, um nach Hause zu kommen.*

Aufgabe 2: *Zeichne die Straßen nach.*

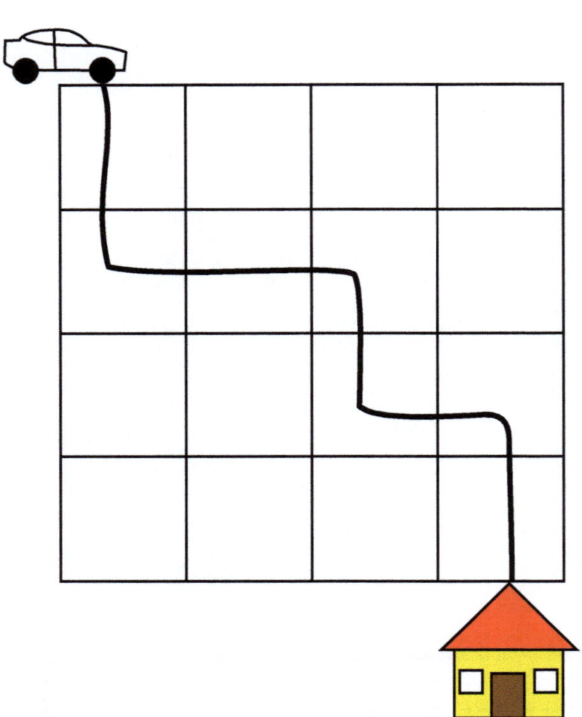

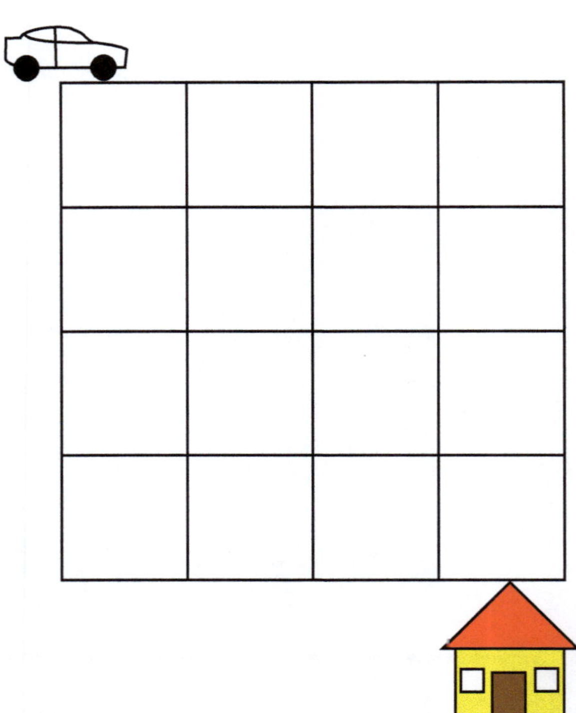

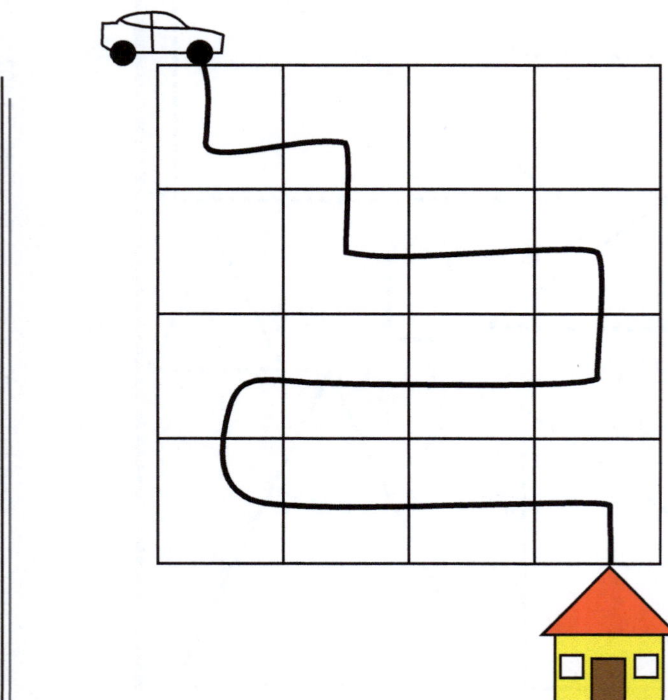

KOHL VERLAG Suchbilder und Co. ... durch die coole Kunstbrille – Bestell-Nr. 13 102

Labyrinthrad

Aufgabe 1: Henrik trägt das Labyrinthrad mit zwei Fingern. Hilf ihm, den Weg mit möglichst wenig Versuchen von außen in die Mitte zu Finden. Zeichne den Weg.

Aufgabe 2: Entwirf mit deinen Mitschülern ein Labyrinth. Zeichnet es groß auf dem Schulhof mit Kreide. Begeht es.

KOHL VERLAG Suchbilder und Co. ... durch die coole Kunstbrille – Bestell-Nr. 13 102

Labyrinthtafel

Aufgabe 1: *Henrik hält die Labyrinthtafel mit zwei Fingern. Hilf ihm, den Weg mit möglichst wenig Versuchen von links ➘ nach rechts zu finden. Zeichne den Weg.*

Aufgabe 2: *Entwirf mit deinen Mitschülern ein Labyrinth. Zeichnet es groß auf dem Schulhof mit Kreide. Begeht es.*

KOHL VERLAG Suchbilder und Co. ... durch die coole Kunstbrille – Bestell-Nr. 13 102

Richtige Bleistiftreihe

★

Aufgabe 1: *Finde zu der Vorderseite der Bleistiftreihe 1 die richtige Rückseite. Ist es Reihe 2, 3 oder 4?*

Aufgabe 2: *Male die Stifte der Vorderseite mit unterschiedlichen Farben an. Male die Stifte der Rückseite passend an.*

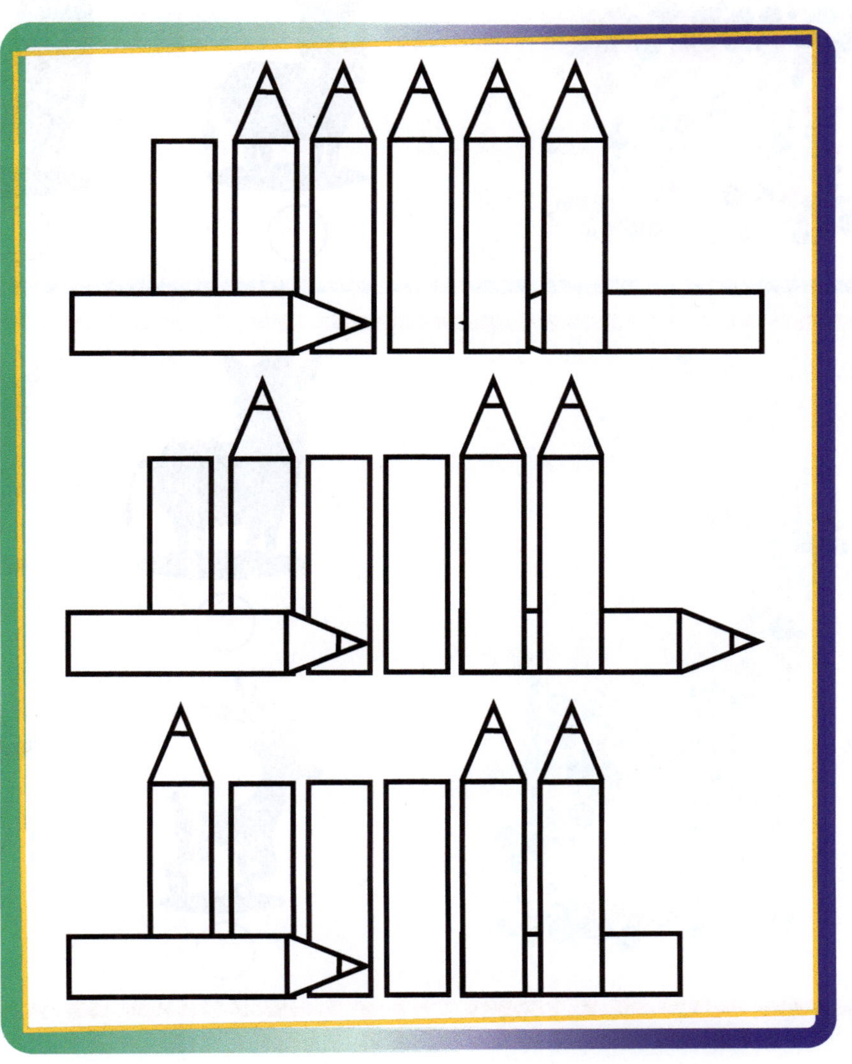

Punkte- und Kullertiere

Aufgabe 1: Kreuze die zum Tier passende Silhouette an.

Aufgabe 2: Klebe ein Blatt Papier an.

Aufgabe 3: Zeichne die schwarze Silhouette eines Tieres und male dazu ein buntes Punkte- oder Kullertier, zum Beispiel eine Maus, ein Schmetterling oder ein Fantasietier.

Hier ankleben

Kleine Häusergruppe

Aufgabe 1: *Kreuze wie Janna die kleine Häusergruppe richtig an, die in der großen darüber vorkommt.*

Aufgabe 2: *Male dein Wohnhaus oder ein anderes Haus mit einfachen eckigen Formen mit Pinseln und Tuschfarben auf ein Zeichenblockblatt.*

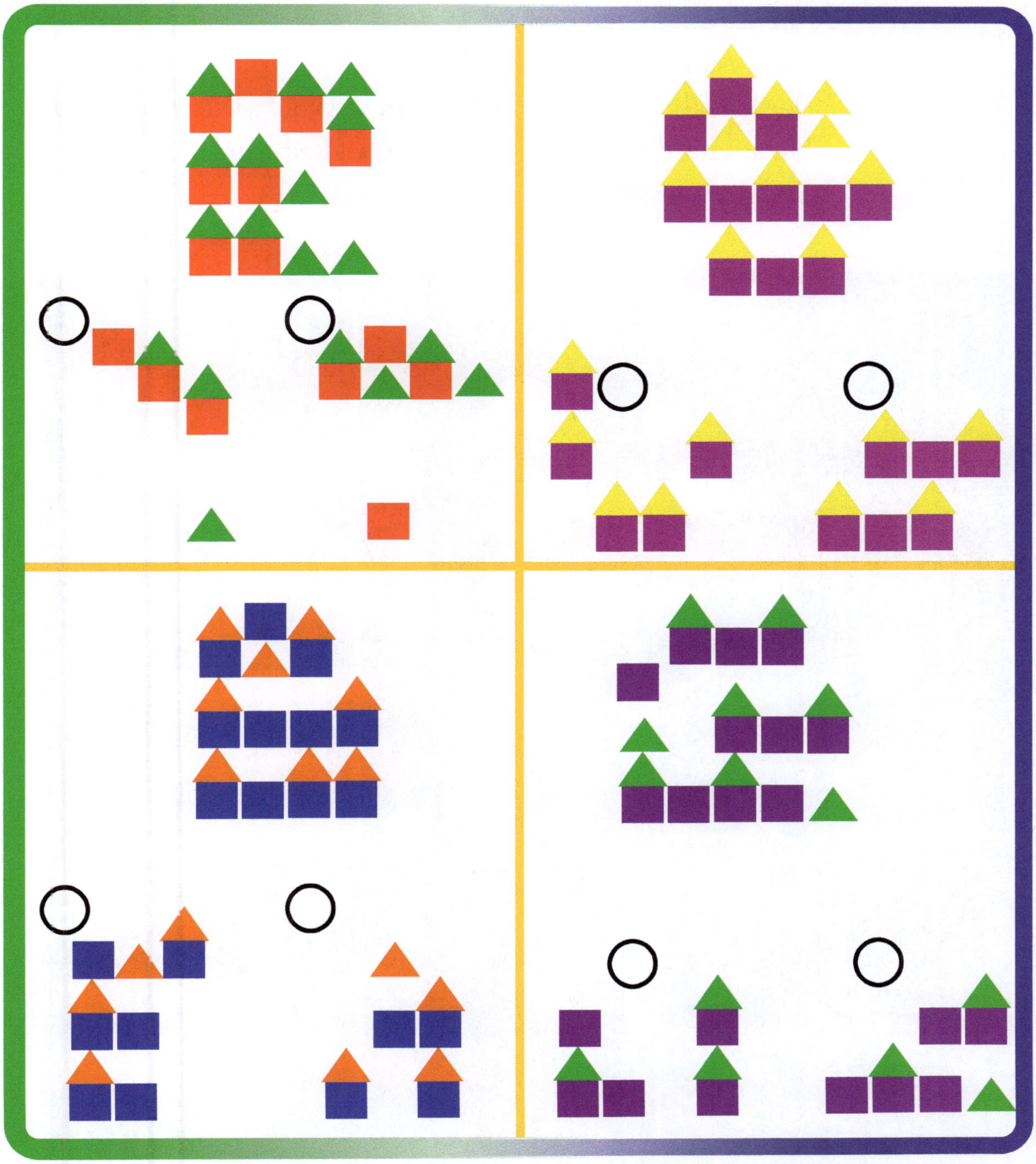

KOHL VERLAG Suchbilder und Co. ... durch die coole Kunstbrille – Bestell-Nr. 13 102

Entdeckungen im Atelier

!

Aufgabe: *Schaue dich um im Atelier. Lies die Beschreibungen durch und schreibe die richtigen Nummern an die Bilder.*

1 Er ist so rot wie der Hintergrund.

2 Seine Frisur und sein Bart sind schwarz.

3 Ein roter Klecks befindet sich über seiner linken Augenbraue.

4 Sie fällt mit ihrem roten Mund und ihrer gelben Frisur auf.

5 Mit seinem Kinnbart wirkt er ernst

6 Seine Augen sind zugekniffen.

7 Der Künstler malte ihn mit einem weit aufgerissenen Mund.

8 Sie schaut dich direkt in der unteren Reihe an.

9 Sie ist im größten Porträt dargestellt.

KOHL VERLAG Suchbilder und Co. ... durch die coole Kunstbrille – Bestell-Nr. 13 102

Fliegende Kartonklötze

!

Aufgabe: Nummeriere die fliegenden Klötze in ihrer Lage von vorne bis hinten. Beginne mit dem größten Klotz und der kleinsten Zahl.

KOHLVERLAG Suchbilder und Co. ... durch die coole Kunstbrille – Bestell-Nr. 13 102

Hundereihen

Aufgabe 1: *Schaue dir die Reihen mit den Hunden an.*

Aufgabe 2: *Kreuze in der 1. Reihe die schwarzen Hunde an.*
Kreuze in der 2. Reihe die Hunde mit gestreckten Ohren an.
Kreuze in der 3. Reihe die Hunde mit geschlossenem Maul an.

1 ◯ ◯ ◯ ◯ ◯ ◯ ◯

2 ◯ ◯ ◯ ◯ ◯ ◯ ◯

3 ◯ ◯ ◯ ◯ ◯ ◯ ◯ ◯ ◯

Suchbilder und Co. ... durch die coole Kunstbrille – Bestell-Nr. 13 102
KOHL VERLAG

Weg zum geheimnisvollen Tor

Aufgabe 1: *Zeichne in die Kreise der Bogenpaare die passenden Inhalte:*

Aufgabe 2: *Verbinde die gleichen Zeichen von unten nach oben mit einer Linie. Sie stellt den Weg zum geheimnisvollen Tor dar.*

Aufgabe 3: *Male auf einem Zeichenblockblatt mit Pinseln und Tuschfarben etwas, das du hinter dem geheimnisvollen Tor vermutest.*

KOHL VERLAG Suchbilder und Co. ... durch die coole Kunstbrille – Bestell-Nr. 13 102

Repariere das Schloss

Aufgabe 1: *Vergleiche die Schlossabbildungen miteinander, damit du weißt, was fehlt.*

Aufgabe 2: *Repariere das Schloss, indem du es dazu zeichnest.*

KOHL VERLAG Suchbilder und Co. ... durch die coole Kunstbrille – Bestell-Nr. 13 102

Lösungen

Das lustige Obst

Eistapete

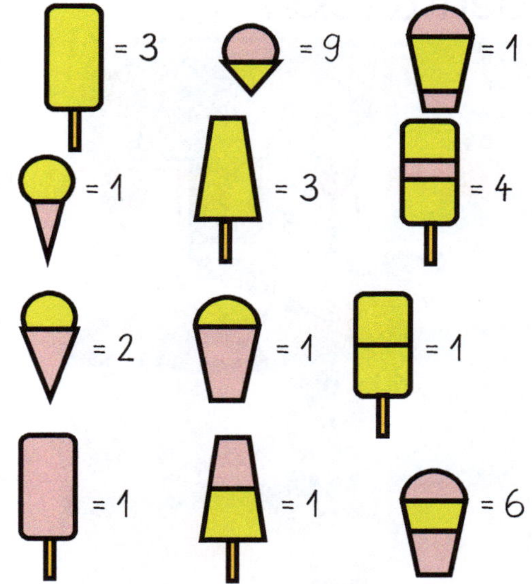

Lustige Frühstückshälften

Pizza, Hamburger und mehr

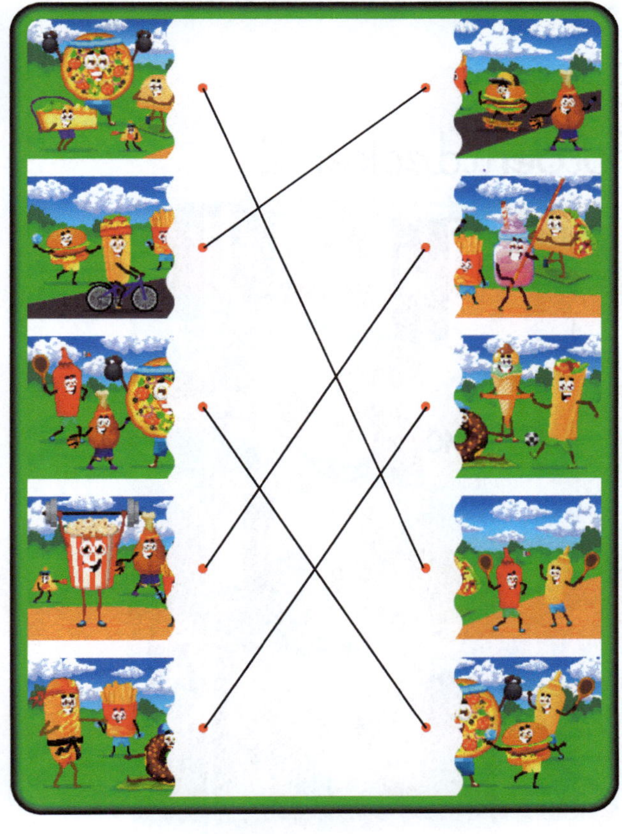

Verwandte Gruselies

Lösungen

Sei ein Fotoentdecker 1

Sei ein Fotoentdecker 2

U-Boote auf der Suche

Finde den richtigen Schlüssel

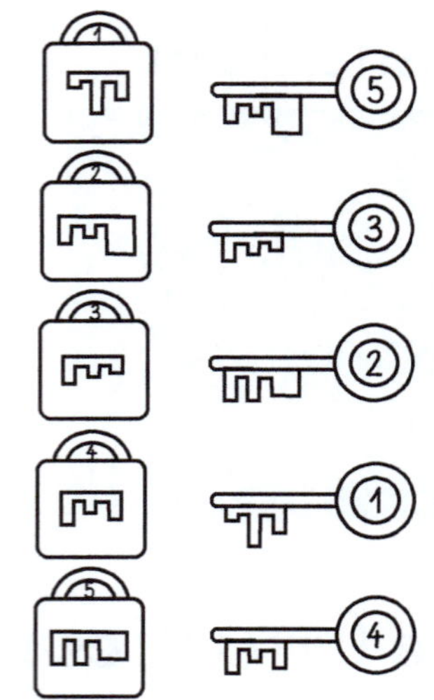

Hase im Ei

Lösungen

Herzenseier 2

Kinder, Kinder

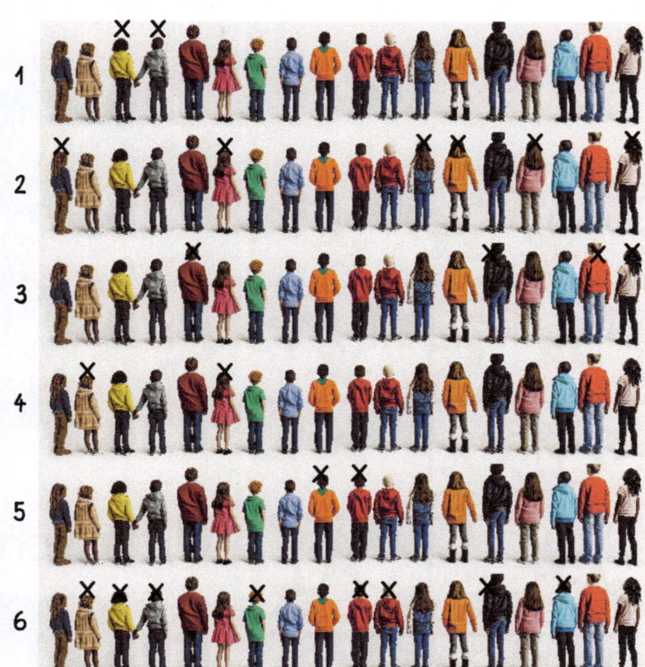

Suche beim Spielzeug

Kinderspiele

Babybulle Bernd

KOHL VERLAG Suchbilder und Co. ... durch die coole Kunstbrille – Bestell-Nr. 13 102

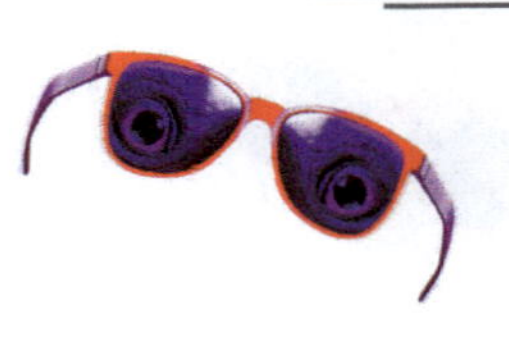

Lösungen

Welche Sterne fehlen?

Unterschiede finden 1

Unterschiede finden 2

Stapelscheiben 2

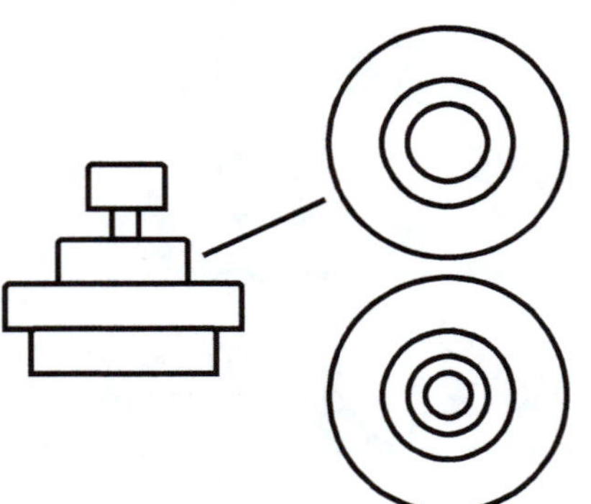

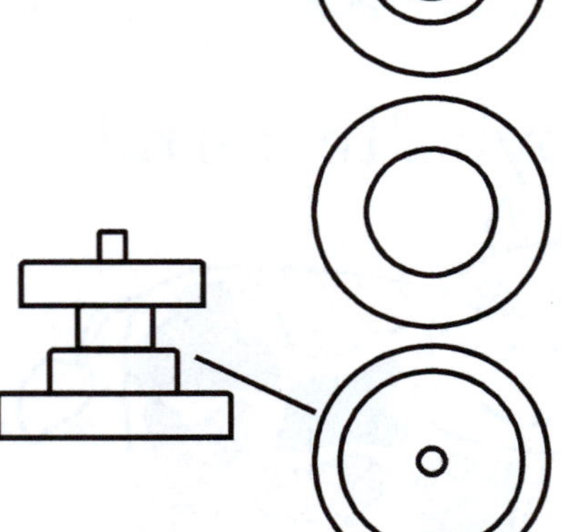

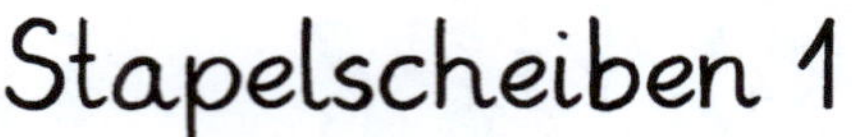

Stapelscheiben 1

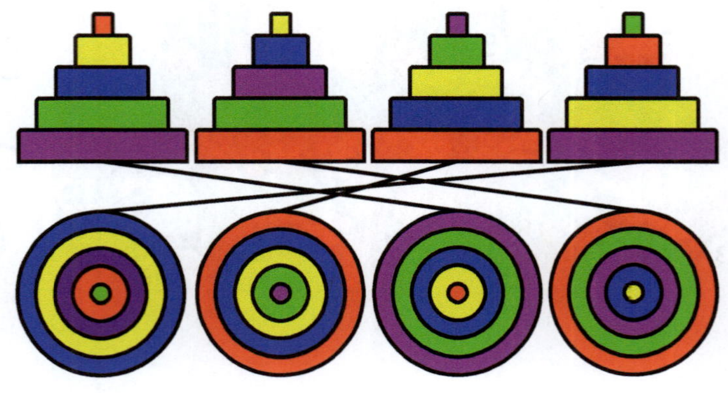

KOHL VERLAG Lernen mit Erfolg Suchbilder und Co. ... durch die coole Kunstbrille – Bestell-Nr. 13 102

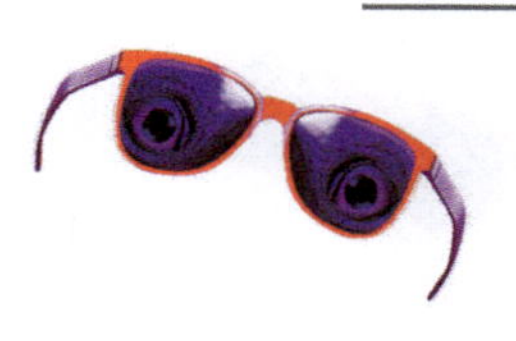

Lösungen

Prima Puzzle 1

Prima Puzzle 2

Tiere in Afrika

Fehlerentdeckungen

Steinzwillinge

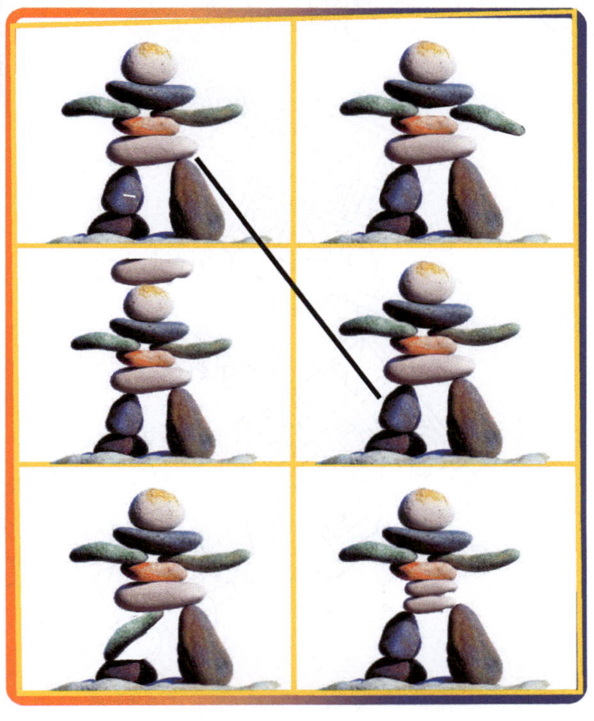

Bunte Zahlenverstecke

KOHL VERLAG Suchbilder und Co. ... durch die coole Kunstbrille – Bestell-Nr. 13 102

Lösungen

Gespenstertreffen

18 Gespenster

Zahlenkleckspaar

	6		2		5		4	
7		8		1		9		3

Wieviele Bonbons sind im Glas?

Kistenautos

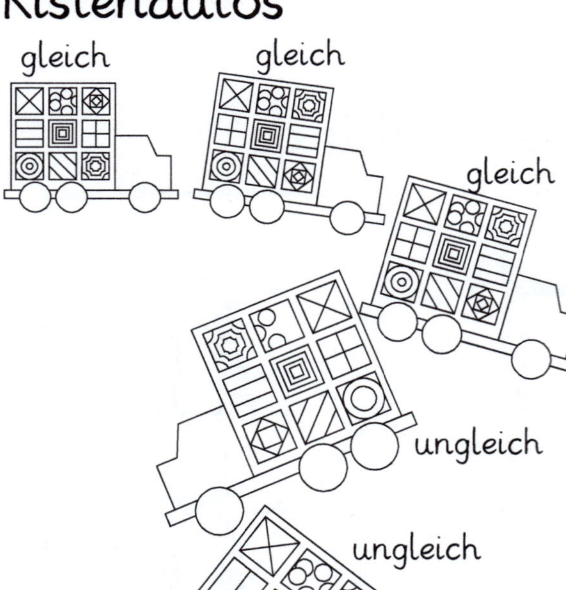

Bunte Eierei

4	5	3	7	3	5	4	2	3

Starker Weltraumverkehr

Baue weiter 1

Baue weiter 2

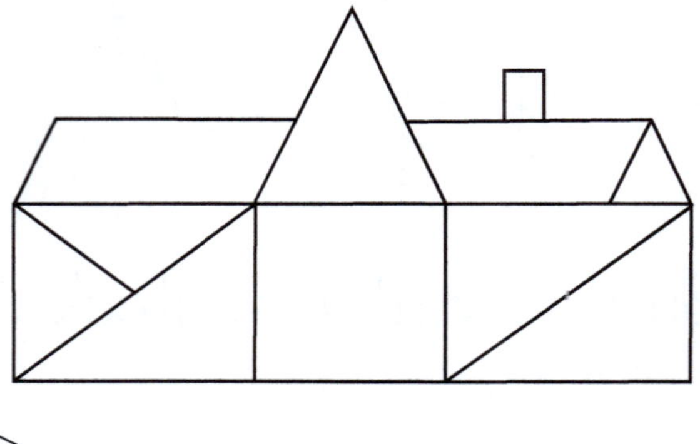

KOHL VERLAG Suchbilder und Co. ... durch die coole Kunstbrille – Bestell-Nr. 13 102

Lösungen

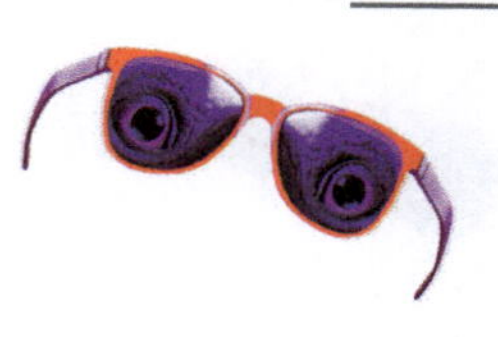

Labyrinthrad

Richtige Bleistiftreihe

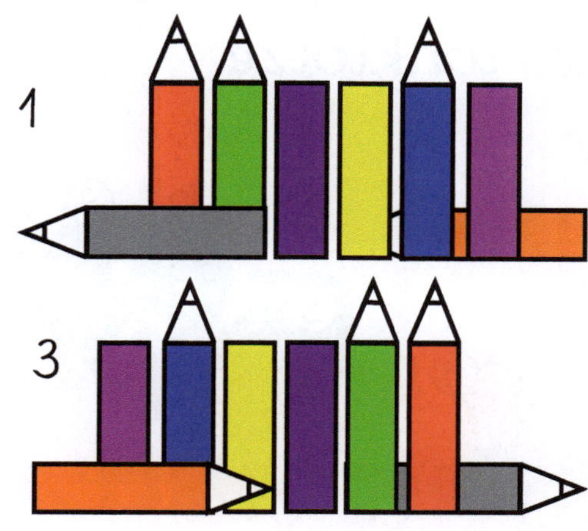

Labyrinthtafel

Kleine Häusergruppe

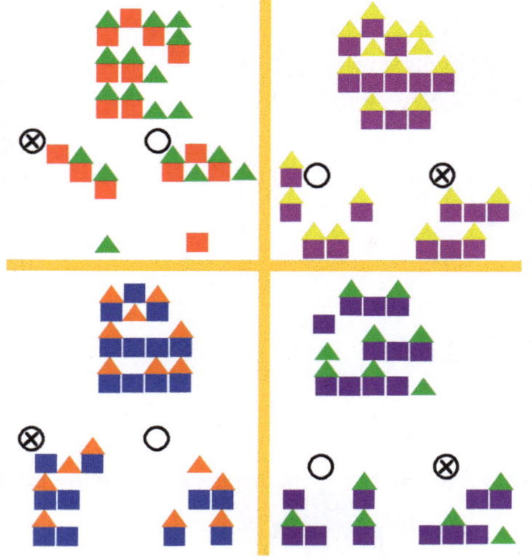

Punkte- und Kullertiere

Entdeckungen im Atelier

KOHL VERLAG Suchbilder und Co. ... durch die coole Kunstbrille – Bestell-Nr. 13 102

Lösungen

Fliegende Kartonklötze

Hundereihen

Weg zum geheimnisvollen Tor

Repariere das Schloss

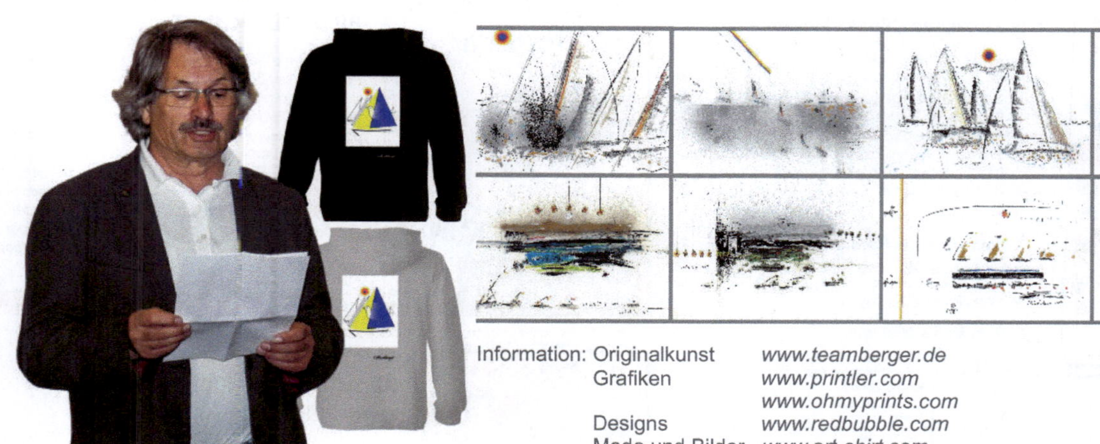

Information: Originalkunst www.teamberger.de
Grafiken www.printler.com
www.ohmyprints.com
Designs www.redbubble.com
Mode und Bilder www.art-shirt.com

teamberger@web.de

Eckhard Berger

Autor, Künstler, Designer, Kunsthistoriker und Kunstreferent

- Geboren am 06.06.1951
- wohnt und arbeitet in Brake/Unterweser
- Kunst-, Pädagogik-, Psychologie- und Soziologiestudium
- Seit 1987 internationale Kunstausstellungen, Events und Kooperationen mit Künstlern, Galerien und Kulturinstitutionen
- Moderne Grafik, Skulpturen, Kunstkonzepte, Schmuck- und Möbeldesign
- Design der Freizeitmodekollektionen ***Segelimagination*** *und* ***Landschaftsimagination*** *(Ich trage Kunst)*
- Werke im privaten und öffentlichen Besitz
- Gründung der Aktion ***Kunst hilft****, Bilderspenden für wohltätige Organisationen und Hilfs- und Umweltprojekte*
- Innovative Förderkonzepte für Kinder und Jugendliche
- Autor von neuartigen Praxisbüchern für den modernen Kunstunterricht in Deutschland, Österreich und der Schweiz und andere Fachbereiche (Psychologie, Wahrnehmung, Kreativität und Ernährung)
- Kooperation und gemeinsame Bücher und Publikationen mit der Autorin Barbara Berger
- Vorträge zu populären Pädagogik-, Psychologie-, Kunst-, Kunstpädagogik-, Kunstgeschichts- und Kreativitätsthemen
- Mitwirkung in TV- und Kinofilmen

Über 160 Bücher aus dem Kohl-Verlag verfügbar, u.a.

Farbtopf (Vorschule, GS)
Kunterbunte Farbtopfgeschichten (Vorschule, GS)
Kunststarter (Vorschule, GS)
Konzentrieren können (Vorschule, GS)
Zeichnen können, 4 Bände (Vorschule, GS)
Zusatzmaterial Anfangsunterricht (Vorschule, GS)
5-Minuten-Lesegeschichten (Vorschule, GS)
Schwungübungen (Vorschule, GS)
Bunte Farbe (GS)
Kunstwerke für Schulen, 3 Bände (GS)
Kunst fachfremd unterrichten (GS)
Entspannungsmalen (GS)
Kunst in Kürze (GS)
Buchstaben- und Zahlengeschichten (GS)
Kinder fit fördern, 3 Bände (GS)
Kinderkunstland (GS)
Bildstarke Geschichten (GS)
Emmas Kunstentdeckungen, 2 Bände (GS)
Kunst in 3 Niveaustufen (GS)
Anmalen & Weitergestalten für kleine Künstler (GS)
Freies Kreativzeichnen (GS)
Kunstwerke entdecken und anmalen (GS)
Kompetenzförderung Rätseln, zeichnen & anmalen (GS)
Kompetenzförderung Geschichten lesen, zeichnen & anmalen (GS)
Kompetenzförderung Wahrnehmen, sich konzentrieren, zeichnen & anmalen (GS)
Kunstbonbons, 5 Bände (GS)
Kreatives Gedächtnistraining (GS)
Vertretungsstunden Kunst (GS)
Kunstgeschichte für Kinder (GS, SEK)
Vincent van Gogh - Anmalen und weitergestalten, Schulmalbuch, 32 Bände zu Claude Monet, August Macke, Paul Cézanne, Ernst Ludwig Kirchner, Camille Pissarro, Lucas Cranach, Jan van Eyck, Jean-François Millet, Henri Rousseau, Caspar David Friedrich, Paul Klee, Gustav Klimt, Der Blaue Reiter, Paula Modersohn-Becker, Pieter Bruegel, Paul Gauguin, Albrecht Dürer, Rembrandt, Édouard Manet Leonardo da Vinci, Edgar Degas, Henri de Toulouse-Lautrec, Franz Marc, Jan Vermeer, Peter Paul Rubens, Georges Seurat, Gustave Courbet, Vincent van Gogh, Pierre-Auguste Renoir, Paul Klee, Henri de Toulouse-Lautrec, Édouard Manet, Camille Pissarro, Jean-Francois Millet, Die Brücke, Wassily Kandinsky, Michelangelo, Max Beckmann, Francisco de Goya (GS, SEK)
Superleckere Smoothies, 2 Bände (GS, SEK)
Superleckere Smoothies und Shakes (GS, SEK)
Anmalen und Weitergestalten für kleine Künstler (GS,SEK)
Kunstgeschichte für Kinder (GS, SEK)
Farbe - Komplette Theorie im modernen Kunstunterricht (SEK)
Design - Moderner Kunstunterricht in der Sekundarstufe (SEK)
Moderne Kunst, 3 Bände (SEK)
Künstler in die Klassen, 3 Bände (SEK)
Kunstwerke für Schulen, 3 Bände (SEK)
Kunst in Kürze (SEK)
Kunstauge (SEK)
Kunst COOL, (SEK)
Kunsttipp & Co, 3 Bände, (SEK)
Kunstknaller, 2 Bände (SEK)
Logikrätsel Kunst, 2 Bände (SEK)
Kreuzworträtsel Kunst (SEK)
Emmas Kunstentdeckungen (SEK)
Wir werden Kunstprofi, 2 Bände (SEK)
Kunst fachfremd unterrichten (SEK)
Entspannungsmalen, 2 Bände (SEK)
Internationale Gegenwartskunst (SEK)
Kunst in 3 Niveaustufen (SEK)
Freies Kreativzeichnen (SEK)
Raum und Perspektive (SEK)
Die Kunstepoche Impressionismus (SEK)
Die Kunstepoche Expressionismus (SEK)
Die Kunstepoche Realismus (SEK)
Die Kunstepoche Renaissance (SEK)
Die Kunstepoche Jugendstil (SEK)
Kreatives Gedächtnistraining (SEK)
Große Kunstgeschichte, 2 Bände (SEK)
Kunstquizzer (SEK)
Vertretungsstunden Kunst (SEK)
Kreative kurze Kunstprojekte (SEK)
Moderne Kunst, 3 Bände (SEK)
Kunstthema Landschaft (SEK)
Kunstthema Alltag (SEK)
Kunstthema Porträt (SEK)
Kunstthema Stillleben (SEK)
Die große Graffitischule (SEK)
Das große Graffiti-Schulmalbuch (SEK)
Bilder richtig gestalten (SEK)

Eckhard Berger

Große Kunstgeschichte

Infos - Analysen - Tipps - Aufgaben

TIPP

Standardwerke nach einem innovativen und effektiven Konzept als grundlegende kunstgeschichtliche Lehr- und Lern-werke. Die Bände sind chronologisch aufgebaut und erklären eindrucksvoll alle relevanten Epochen und Stile und ihren Kontext zueinander. Jede Epoche wird mit Sachtexten, Bildern und Aufgaben intensiv behandelt.

1 *Prähistorische Kunst bis Barock:*

Prähistorische Kunst, Ägyptische (Griechische, Römische, Byzantinische, Karolingische) Kunst, Romantik, Gotik, Renaissance, Manierismus, Barock

2 *Rokoko bis Moderne:*

Rokoko, Klassizismus, Romantik, Realismus, Impressionismus, Pointillismus, Symbolismus, Postimpressionismus, Jugendstil, Expressionismus

1	Prähist. Kunst bis Barock	12 406	je 80 Seiten
2	Rokoko bis Moderne	12 407	ab 23,99 €

FARBIG — Alle Stufen

Eckhard Berger

Kunstepochen

Theorie & Praxis
kompakt und leicht verständlich

Diese mehrbändige Unterrichtsreihe, konzeptionell, innovativ und effektiv für den modernen Kunstunterricht entwickelt, umfasst die großen relevanten Kunstepochen vom Mittelalter bis zur Neuzeit. Schüler erleben die bedeutendsten Künstler, Meisterwerke, typische Stilmerkmale, wichtigste und sensationelle Fakten, exklusive Fotos, lernstarke Aufgaben, wertvolle Tipps und Tests. Kunstgeschichte kann so ansprechend, verständlich und schülernah wie nie zuvor erfahren werden.

Realismus	12 355	
Expressionismus	12 356	
Impressionismus	12 357	
Renaissance	12 789	
Jugendstil	12 790	
Gotik	12 961	
Barock	12 962	
Klassizismus	12 963	je 48 Seiten
Romantik	12 964	ab 18,99 €

Alle Stufen — FARBIG

Eckhard Berger

Hauptthemen der Kunstgeschichte

Antike bis Moderne

In der Kunstgeschichte von der Antike bis zur Moderne werden die sich wechselnd wiederholenden vorherrschenden, wichtigen Hauptthemen über Gesellschaft, Zeit, Umwelt und Natur in ihrer faszinierend stilistischen und inhaltlichen Vielfalt im Kontext zur eigenen und anderen Epochen und der Gegenwart eindrucksvoll präsentiert. Lerneffizient, faktenreich spannend, ansprechend und begeisternd erleben Schüler den Transfer zu ihrer Welt. Kunst-, Kommunikations- und Selbstkompetenzen und ein Pflichtbaustein für einen optimalen, modernen Kunstunterricht sind garantiert.

FARBIG | 80 Seiten | 12 965 | ab 23,99 € — Alle Stufen

Einsetzbar als Schülerarbeitsbuch oder als Kopiervorlagenwerk!

Eckhard Berger

Bedeutende Künstler der Kunstgeschichte

... anmalen & weitergestalten

Die Reihe führt in das Leben und in das Werk großer internationaler Künstler ein. Jeder Band lässt sich chronologisch durcharbeiten oder beliebig als Haupt-, Ergänzungs-, Vertiefungs- oder Nebenthema in den Unterricht integrieren. Schüler erwerben begeistert Wissen, malen Bilder farbenprächtig an und gestalten sie ideenreich weiter.

Claude Monet	11 184
Vincent van Gogh	11 185
August Macke	11 186
Gustav Klimt	11 527
Der Blaue Reiter	11 307
Pieter Bruegel	11 584
Franz Marc	11 610
Albrecht Dürer	11 749
Caspar David Friedrich	11 939
Leonardo da Vinci	12 078
Paul Klee	12 710
Die Brücke	12 901
Wassily Kandinsky	12 902

5 6 7 8 9 10 11-13

FARBIG | je 32 S. | ab 14,99 €

Friedhelm Heitmann

Allgemeinwissen fördern BILDENDE KUNST

Dieser Band liefert in dieser Hinsicht Grundkenntnisse ur festigt diese. Zunächst behandelt der Band, was die (Bilde de) Kunst umfasst. Im Anschluss geht es kurz um die Arch tektur und Bildhauerei. Im Mittelpunkt des Bandes stehen j doch die Malerei und das Zeichnen. Ausgegangen wird dab von der Farbenlehre. Sodann erfolgt in chronologischer R henfolge die Betrachtung ausgewählter, bedeutender Ku werke. Der Band hält auch einen Überblick über bedeutsa Kunstepochen sowie Kunststile bereit. Entstanden aus der Schulpraxis variieren die Aufgabenstellungen im Band. Die Schüler haben die Gelegenheit, selbst zu malen und zu zeichnen.

64 Seiten | 12 354 | ab 14,49 € — FÖ PDF plus

Eckhard Berger

Künstler in die Klassen

Vom Mittelalter bis zur Moderne

Die bekanntesten zeitgenössischen Künstler vom Mittelalter b heute, ihr Leben und ihre Meisterwerke. Infotexte, wertvoll Hintergrundwissen, Analysen, brillante Fotos, faszinierende Abb dungen ... Die Kopiervorlagen und eine abschließende Lernko trolle sorgen für einen hohen Lerneffekt!

80 S.	Band 1	10 881	ab 22,49 €
80 S.	Band 2	10 924	ab 23,49 €
88 S.	Band 3	10 925	ab 23,49 €

FARBIG — Alle Stufe

Martin Völker & Birgit Brandenburg

Kreative Kunstwerkstätten

Leben und Schaffen der Künstler sowie Mal- & Bastelprojek

Spuren berühmter Künstler in altersgerechten Texten und Aufg benstellungen. Die künstlerische Handschrift wird handelnd nac vollzogen, wobei die Motivation zu eigenen Kunstwerken entste und das Selbstvertrauen in die eigene künstlerische Leistu wächst. Wie nebenbei lernen die Schüler noch mit jedem Künst ein Stück Kunst- und Kulturgeschichte kennen.

48 S.	Leonardo da Vinci	10 864	ab 12,49 €
52 S.	Franz Marc	10 947	ab 14,49 €
52 S.	Henri Rousseau	11 038	ab 14,49 €
52 S.	Paul Klee	11 156	ab 14,99 €
48 S.	Pierre-Aug. Renoir	11 451	ab 12,49 €
44 S.	Michelangelo	12 150	ab 14,49 €
56 S.	Vassily Kandinsky	12 077	ab 14,99 €

Berühmte Maler kennenlernen und nachahmen!

Eckhard Berger

Kunstwerke entdecken & anmalen

Der Band ist das lernstarke Mal- und Kunstbuch für alle klein Künstler, das unverzichtbar in der kunstpädagogischen Früherz hung ist. Es kann einerseits als Arbeitsbuch oder als Unterrichtsw eingesetzt werden. Die Vorlagen sind auch zur häuslichen Förderu bestens geeignet. Kinder entdecken die berühmtesten Künstler u deren bedeutendste Meisterwerke, die sie nach vorgegebener od nach eigener Farbwahl anmalen.

FARBIG | 40 Seiten | 12 231 | ab 17,49 €

Eckhard Berger

Kunstgeschichte für Kinder

Von der Höhlenmalerei bis zur modernen Kunst

Alle relevanten Kunstepochen von der Höhlenmalerei bis zur m dernen Kunst. Berühmte Künstler, Meisterwerke, kindgerech Sachtexte, spannende Basis- und Ergänzungsaufgaben und me Alle Kinder nehmen optimal begeistert und hoch motiviert kunstg schichtliche Inhalte auf und setzen sie unter Einsatz verschieden Materialien kreativ gestalterisch um. Wertvolles Grundwissen u fantastische Praxisergebnisse entstehen.

FARBIG | 64 Seiten | 12 284 | ab 20,99 €

Gary M. Forester

Die verschiedenen Kunstepochen

NEU

Eine kleine Reise durch die Kunstgeschichte

Mit diesem Band bekommen die Schüler einen Überblick über die Er wicklung der Kunst von der prähistorischen Kunst bis zur Moderr Der Inhalt ist nach den Epochen wie Gotik, Klassizismus, Roman usw. aufgeteilt. Farbliche Zuordnung der Legekarten mit einfache kurzen Texten zu Schwerpunkten wie Malerei, Grafik und Plastik u Architektur helfen den Schülern, die Kunstepochen fest einzuprägen. Außerdem lernen die Schüler mit diesem Legematerial bedeutendste Künstler kennen.

FARBIG | 48 Seiten | 15 092 | ab 18,99 €